10대를 위한
이럴 때 이런
사자성어
2

말 한마디를 제대로 쓰는 감각 성장 북

10대를
위한

이럴 때 이런
사자성어

2

김한수 지음

하늘
아래

"적절한 말을 찾는 것은 지혜이며, 그 말을 제대로 쓰는 것은 지성입니다."

우리가 살아가는 데 있어서 '말'은 단순한 소통 수단을 넘어, 자신의 생각을 정리하고 감정을 표현하며 세상과 관계를 맺는 중요한 도구입니다.

특히 청소년기에는 자신만의 언어를 찾고 표현을 넓혀가는 시기로, 말과 글의 힘을 기르는 일이 곧 '생각하는 힘'을 기르는 일과 맞닿아 있습니다.

이 책 『10대를 위한 이럴 때 이런 사자성어』는 그런 청소년기를 살아가는 여러분이 풍부한 어휘력과 상황에 맞는 표현력을 키울 수 있도록 돕기 위해 기획되었습니다.

수많은 말 중에서도 이 책은 오랜 역사와 지혜를 담고 있는 '사자성어(四字成語)'에 주목했습니다. 단 네 글자로 이루어진 짧은 말이지만, 그 속에는 사람의 마음과 세상의 이치를 꿰뚫는 깊은 뜻과 교훈이 담겨 있습니다.

단순한 외움이나 시험을 위한 공부가 아닌, 실제 삶에서 마주하게 되는 다양한 상황 속에서 '어떤 말을 어떻게 쓰는 것이 좋을까?'라는 질문에 대한 힌트를 주는 언어적 도구로서 사자성어를 다루고자 했습니다.

이 책은 크게 세 가지 원칙을 중심으로 구성하였습니다.

첫째, 사자성어의 정확한 뜻과 유래를 소개하여 그 말의 본래 의미와 시대적 배경을 이해할 수 있도록 했습니다.

둘째, 현대의 실제 상황 속에서 그 사자성어가 어떻게 쓰일 수 있는지에 대한 구체적인 예문을 제시하였습니다. 단지 사자성어를 아는 데 그치지 않고, 자신의 말로 자연스럽게 녹여 쓸 수 있는 표현 능력을 키우는 데 중점을 두었습니다.

셋째, 세계적인 명언이나 철학적 문장을 함께 소개하여, 그 사자성어가 담고 있는 삶의 교훈을 더 깊이 있게 이해할 수 있도록 했습니다.

동서고금의 지혜가 서로 만나고 연결되면서 언어의 감수성과 사고의 깊이가 넓어지기를 바라는 마음을 담았습니다.

이 책은 단순히 암기용 참고서가 아닙니다. 사자성어라는 언어의 보물을 통해, 여러분이 더 명확하게 생각하고, 더 세련되게 표현하며, 더 깊이 있는 대화를 나눌 수 있도록 돕기 위한 '지적 성장의 길잡이'입니다.

공부할 때, 친구와 갈등이 생겼을 때, 실망하거나 포기하고 싶을 때, 기쁨을 누리고 싶을 때, 각 상황에서 여러분이 이 책 속의 사자성어를 떠올릴 수 있다면, 그 순간 여러분은 언어의 힘을 통해 삶을 조금 더 단단하게 마주할 수 있을 것입니다.

사자성어는 과거의 말이지만, 그 뜻은 오늘을 살아가는 우리 모두에게 유용한 지침이 됩니다. 이 책이 여러분의 말과 생각, 마음을 성장시키는 데 좋은 벗이 되어주기를 바랍니다. 그리고 무엇보다, '말을 통해 더 나은 나'를 만들어가는 여정에 이 책이 함께하기를 진심으로 바랍니다.

차례

너랑 나, 왜 이렇게 찰떡이야?

유유상종 類類相從

같은[類] 종류끼리[類] 서로[相] 따르다[從]

1

유유상종은 '같은 무리끼리 서로 어울린다'는 뜻이에요. 성격이나 취향, 생각이 비슷한 사람들끼리 자연스럽게 함께하게 된다는 말이랍니다.

마치 파란 새는 파란 새끼리, 붉은 새는 붉은 새끼리 모이듯, 사람도 닮은 사람을 끌어당기게 되죠.

청소년 시기엔 친구의 영향이 아주 커요. 긍정적이고 배려심 있는 친구와 함께하면 나도 따뜻해지고, 반대로 부정적인 친구와 함께하면 나도 쉽게 짜증을 내거나 불평을 따라하게 될 수 있어요. 그래서 어떤 사람과 어울리느냐는 내 삶에도 큰 영향을 준답니다.

'유유상종'이라는 말은, 내가 누구와 함께하며 어떤 사람이 되고 있는지를 돌아보게 해줘요. 좋은 사람과 함께 있을 때, 나도 더 좋은 사람이 될 수 있으니까요.

오늘 하루, 내 곁에 있는 사람들을 떠올려보며, 나는 어떤 사람들과 어울리고 있는지, 그리고 나는 어떤 영향을 주는 사람인지 생각해보면 좋겠어요.

좋은 친구를 가까이 두어라.

그들의 성품은 결국 너의 성품이 된다.

- 공자 (孔子) -

함께 지내는 친구는 나의 말투, 행동, 생각에 큰 영향을 줍니다.

좋은 친구를 곁에 두면 나도 자연스럽게 더 좋은 사람이 될 수 있어요.

類	類	相	從
무리 류(유)	무리 류(유)	서로 상	좇을 종

이럴 때 이렇게 표현하기

→ 친구 따라 **유유상종**하듯 나도 좋은 친구들과 지내고 싶어.

→ **유유상종**이라더니, 비슷한 친구들끼리 모였네.

→ 같이 있으면 닮는다고, 우리도 **유유상종**인가 봐.

못 할 게 뭐야? 다 할 수 있지!

무소불위 無所不爲

하지[爲] 못할[不] 일이[所] 없다[無]

무소불위는 '하지 못하는 일이 없다'는 뜻이에요. 즉, 어떤 어려움이나 장애물이 있어도 해낼 수 있고, 불가능한 일이 없다는 의미랍니다.

자신감과 능력이 매우 뛰어나서 마음먹은 일은 모두 해낼 수 있다는 말이지요.

청소년 시기에는 자신이 부족하다고 느끼거나 실패를 두려워할 때가 많아요. 하지만 '무소불위'라는 말처럼 마음을 강하게 먹고 도전하면, 어려운 일도 하나씩 해낼 수 있다는 희망을 갖게 됩니다.

이 말은 우리가 포기하지 않고 꾸준히 노력하면 무엇이든 할 수 있다는 힘을 줘요.

예를 들어, 공부가 어렵거나 꿈을 이루는 길이 멀게 느껴질 때, '무소불위'의 마음으로 한 걸음씩 나아가면 점점 가까워질 수 있답니다.

그러니 무슨 일이든 자신 있게 도전하고, 실패해도 다시 일어날 수 있는 마음을 가지면 좋겠습니다. 그렇게 하면 우리도 '무소불위'의 힘을 조금씩 갖게 된답니다.

권력을 가진 자는 스스로 그 권력을 견제하지 않으면,

결국 그 힘은 오히려 자신을 삼키게 된다.

- 찰스 더 몬테스키외 (Charles de Montesquieu) -

권력을 가진 사람은 스스로를 잘 다스리지 않으면 그 힘에 눌려 자신이 망가질 수 있어요.

그래서 권력은 항상 자기 절제와 책임감이 힘께해야 합니다.

無	所	不	爲
없을 무	바 소	아니 불	할 위

이럴 때 이렇게 표현하기

→ 열심히 노력하면 **무소불위**처럼 못 할 일이 없어진다.

→ 그 친구는 공부든 운동이든 **무소불위**라서 모두가 놀란다.

→ 꿈을 향해 도전하면 **무소불위**의 힘을 느낄 수 있다.

절차탁마 切磋琢磨

자르고[切] 갈고[磋] 쪼고[琢] 닦는다[磨]

3

절차탁마는 '서로서로 칼로 벼리고, 돌을 쪼아 다듬는다'는 뜻이에요. 쉽게 말해, 친구나 동료와 함께 서로를 도우며 노력하고 발전한다는 의미입니다.

혼자서만 열심히 하는 것보다, 함께 배우고 성장할 때 더 큰 힘이 생긴다는 교훈이 담겨 있지요.

청소년 시절은 배우고 성장하는 시기라 절차탁마의 정신이 특히 중요합니다. 친구들과 공부를 같이 하거나, 운동을 함께 하며 서로 격려하고 가르치는 모습이 바로 절차탁마예요.

서로의 부족한 점을 채워 주고, 잘하는 점은 본받으며 함께 성장하는 과정이랍니다.

이 말은 경쟁만 강조하는 것이 아니라, 서로에게 긍정적인 영향을 주면서 함께 나아가야 한다는 뜻이에요. 그래서 절차탁마는 우정과 협력의 가치를 알려 주는 좋은 말입니다. 여러분이 친구와 함께 배우고 도전하며 성장할 때 자주 떠올리면 좋은 표현입니다.

성장은 혼자의 힘으로 이루어지지 않는다.

우리는 서로에게서 배우고, 도전하며, 함께 발전한다.

- 존 C. 맥스웰 (John C. Maxwell)

성장은 혼자만의 노력으로 되는 게 아니에요.

서로 도우며 배우고 도전할 때, 더 크게 발전할 수 있답니다.

切	磋	琢	磨
끊을 절	갈 차	다듬을 탁	갈 마

이럴 때 이렇게 표현하기

→ 우리는 서로의 장단점을 이야기하며 **절차탁마**하고 있어요.

→ 친구와 함께 공부하며 **절차탁마**의 즐거움을 느꼈어요.

→ 서로 격려하고 조언해 주는 사이가 **절차탁마**의 좋은 예예요.

파안대소 破顔大笑

얼굴이[顔] 일그러지도록[破] 크게[大] 웃음[笑]

파안대소는 '얼굴을 활짝 펴며 크게 웃는다'는 뜻이에요. 누군가의 말이나 행동이 너무 웃기거나, 기분 좋은 일이 생겼을 때 자연스럽게 터지는 그 웃음을 말하죠.

평소에는 무표정하던 친구가 갑자기 파안대소할 때면 그 웃음이 주위 사람들에게도 전염돼요.

우리 일상 속에서도 파안대소할 순간은 많답니다. 친구와 장난을 치다가, 또는 시험이 끝난 후 마음이 홀가분해졌을 때, 우리는 자연스럽게 웃음을 터뜨려요.

이 말은 단순한 '웃음'이 아니라, 마음에서 우러나는 기쁨이 얼굴을 뚫고 나오는 듯한 생생한 장면을 담고 있어요.

파안대소는 혼자보다는 함께일 때 더 즐거운 표현이랍니다. 친구와 함께한 웃음은 하루의 피로를 녹이고, 서로의 마음을 더 가깝게 해 줘요.

그래서 웃음은 감정의 교감이고, 파안대소는 마음이 열렸다는 신호에요. 여러분도 오늘, 누군가와 함께 파안대소해 보세요!

웃을 수 있을 때 웃어라.

웃음은 마음의 근육을 부드럽게 해준다.

– 로버트 프로스트 (Robert Frost)

웃음은 마음의 긴장을 풀어주는 최고의 비타민이에요.

웃을 수 있을 때 마음껏 웃는 게, 마음도 건강하게 만드는 방법이랍니다.

破	顔	大	笑
깨뜨릴 파	얼굴 안	큰 대	웃을 소

이럴 때 이렇게 표현하기

→ 친구의 말이 너무 웃겨서 다 같이 **파안대소**했어요.

→ 시험이 끝나자 우리 반은 **파안대소**로 들썩였어요.

→ 오랜만에 만난 친구와 **파안대소**하며 즐거운 시간을 보냈어요.

진짜 실력은 어디 있나요?

호가호위 狐假虎威

여우가[狐] 호랑이의[虎] 위세를[威] 빌린다[假]

5

호가호위는 여우가 호랑이의 위세를 빌려 다른 동물들을 겁주는 이야기에서 유래한 말이에요.

말 그대로 '힘 있는 사람을 등에 업고 잘난 척하거나 권력을 휘두르는 모습'을 뜻해요.

학교에서도 이런 모습을 볼 수 있어요. 자신은 별로 힘이 없으면서 선생님이나 인기 많은 친구 뒤에 숨어서 다른 친구들을 무시하거나 괴롭히는 사람 말이에요.

이럴 땐 "쟤, 좀 호가호위하는 것 같아"라고 표현할 수 있답니다.

진짜 멋진 사람은 남의 힘에 기대지 않고, 자신의 힘으로 당당하게 행동해요. 남의 권위에 의지해 우쭐대는 태도는 결국 신뢰도 잃고 친구도 멀어지게 만들어요. 그래서 우리는 누구의 그림자에 숨기보다, 내 모습 그대로 빛날 수 있는 용기를 키워야 해요.

호가호위는 잠깐은 강해 보일 수 있어도, 결국 속이 들통 나는 법이랍니다.

힘이 없는 자가 다른 이의 힘을 빌려

으스대는 것은 약함의 가장 큰 증거다.

- 존 록크 (John Locke)

진짜 힘은 다른 사람에게 기대지 않고 스스로 만들어 가는 거예요.

남의 힘을 빌려 잘난 척하는 건 오히려 자신의 약함을 드러내는 행동이랍니다.

狐	假	虎	威
여우 호	거짓 가	범 호	위엄 위

이럴 때 이렇게 표현하기

→ 친구 뒤에 숨어서 힘 있는 척하는 건 **호가호위**예요.

→ 동아리 회장 힘 빌려서 친구들을 괴롭히는 건 **호가호위**랍니다.

→ 인기 많은 친구 덕분에 괜히 우쭐대는 모습이 **호가호위**예요.

모두 다 달라도 괜찮아!

천태만상 千態萬象

천 가지[千] 모습과[態] 만 가지[萬] 형상[象]

6

천태만상이라는 말은 '수많은 모습과 다양한 현상'을 뜻해요. 세상에는 아주 다양한 사람들이 있고, 각각의 생각과 행동이 모두 다르다는 뜻이랍니다.

학교에서도 친구마다 성격이 다르고, 취미나 꿈도 모두 달라서 각자의 특별한 모습이 보여요.

이 말은 우리가 서로 다르다는 것을 인정할 때 사용해요. 어떤 친구는 활발하고, 어떤 친구는 조용하며, 또 어떤 친구는 독특한 취미를 갖고 있죠.

이런 다양함이 모여 세상을 더 흥미롭고 풍부하게 만든답니다.

그래서 천태만상은 '다름'을 이해하고 존중하자는 의미도 담고 있어요. 서로 다른 모습을 있는 그대로 받아들이면, 더 넓은 마음으로 친구들과 잘 지낼 수 있답니다.

결국, 세상의 모든 모습이 모여 멋진 '하나'를 이루는 거예요. 천태만상은 우리에게 '다양성의 아름다움'을 알려주는 말이라고 할 수 있어요.

모든 사람은 자신만의 빛을 가지고 있으며,

그 빛이 모여 세상을 환하게 밝힌다.

우리는 각자의 다름을 통해 더 큰 조화를 이룬다.

– 헬렌 켈러 (Helen Keller)

모두가 각자 특별한 장점을 가지고 있어요.

서로 다르기에 함께할 때 더 멋지고 밝은 세상이 만들어진답니다.

千	態	萬	象
일천 천	모양 태	일만 만	모양 상

이럴 때 이렇게 표현하기

→ 우리 반 친구들은 성격도 다르고 취미도 달라서 정말 **천태만상**이에요.

→ 세상에는 다양한 사람과 이야기가 있어서 **천태만상**이라는 말을
떠올리게 돼요.

보고 싶고, 갖고 싶고, 참기 어렵다!

견물생심 見物生心

물건을[物] 보면[見] 마음이[心] 생긴다[生]

견물생심이라는 말은 '무언가를 보면 갖고 싶은 마음이 생긴다'는 뜻이에요.

예를 들어, 쇼핑몰에서 멋진 신발을 보면 자연스럽게 '나도 저 신발을 갖고 싶다'는 생각이 드는 것과 같답니다.

이 말은 우리 마음이 욕심이나 소유욕에 쉽게 흔들릴 수 있다는 것을 알려줘요.

우리가 일상에서 물건이나 기회를 보면서 '나도 저걸 가질 수 있을까?' 하는 마음이 생기기 쉽죠.

그럴 때 욕심이 지나치면 자신에게도, 주변 사람에게도 불편함이 생길 수 있답니다. 그래서 견물생심은 마음을 잘 다스려야 한다는 교훈도 담고 있어요.

이 말을 사용할 때는 '보니까 욕심이 생기네', '보고 나니 갖고 싶은 마음이 들었어' 같은 상황에서 쓰면 좋아요. 청소년 여러분도 욕심을 조절하며 현명한 선택을 할 수 있길 바랍니다.

욕망은 항상 눈앞에 있는 것을 더 크게 보이게 만들며,

마음은 그것을 소유하지 않고는 만족하지 않는다.

– 아리스토텔레스 (Aristotle)

욕망은 우리가 가진 것보다 더 크게 느껴지게 만들어요.

그래서 마음은 그것을 꼭 가져야만 만족하려고 한답니다.

見	物	生	心
볼 견	만물 물	날 생	마음 심

이럴 때 이렇게 표현하기

→ 새 게임기를 보자마자 **견물생심**이 생겨서 사고 싶었어요.

→ 가게 진열창에 진열된 물건을 보면 **견물생심**이 일어나기 쉬워요.

→ 광고를 보니까 **견물생심**이 생겨서 참기 힘들었어요.

욕심 OFF, 만족 ON!

안분지족 安分知足

편안하게[安] 분수를[分] 알고[知] 만족함[足]

8

안분지족은 '자기 위치에서 만족하고 현재 가진 것에 감사하는 마음을 아는 것'이라는 뜻이에요.

쉽게 말해, 지금 내가 가진 것에 감사하며 욕심내지 않고 편안하게 살아가는 태도를 말한답니다.

요즘 우리는 더 많은 것을 원할 때가 많지만, 안분지족은 그런 마음을 다스려 줍니다. 예를 들어, 좋은 성적이 아니더라도 최선을 다한 자신을 인정하고 만족하는 것처럼요.

이 말은 '지금 이 순간에 감사할 줄 알고 욕심을 줄이는 태도가 중요하다'는 가르침을 담고 있어요.

그래서 안분지족은 우리가 흔들리지 않고 행복하게 살아가는 데 큰 도움이 됩니다.

누구나 한 번쯤은 더 많은 것을 원하지만, 안분지족을 기억하면 마음이 한결 편안해질 거예요. 청소년 여러분도 자신만의 자리에서 행복을 찾길 바랍니다.

감사는 최고의 삶의 태도이며, 만족은 그 감정의 열매이다.

- 멜로디 비티 (Melody Beattie)

감사하는 마음이 삶을 바라보는 가장 건강한 태도라는 뜻이에요.

그런 감사의 마음이 쌓이면 결국 '만족'이라는 행복한 열매로 돌아온답니다.

安	分	知	足
편안할 안	나눌 분	알 지	발 족

이럴 때 이렇게 표현하기

→ 열심히 공부한 후, 결과가 기대보다 낮았지만 **안분지족**하며 내 노력을 칭찬했어요.

→ 친구의 새 휴대폰이 부럽긴 했지만, 지금 내 폰에 감사하며 **안분지족**했어요.

→ 큰 상을 받진 못했지만, 함께한 과정에 만족하며 **안분지족**의 마음을 배웠어요.

작은 이득에 혹했다가 큰일 날 뻔!

소탐대실 小貪大失

작음을[小] 탐하다가[貪] 큰 것을[大] 잃음[失]

우리는 가끔 눈앞의 작은 이익에 마음을 빼앗길 때가 있어요. 그 순간엔 그것만 보이지만, 조금만 지나고 나면 더 큰 것을 놓쳤다는 걸 알게 되죠. 이럴 때 쓰는 말이 바로 '소탐대실'입니다. 즉, '작은 것을 탐하다가 오히려 큰 것을 잃는다'는 뜻이에요.

예를 들어 시험 전날 잠깐의 게임이 하고 싶어서 공부를 미루면, 결국 시험 성적이라는 더 큰 기회를 놓치게 되는 거예요. 또는 친구와의 신뢰보다 당장의 인기나 재미를 선택하면, 오래 갈 우정을 잃을 수도 있어요.

소탐대실은 우리에게 "조금만 더 멀리 보자, 그리고 더 소중한 걸 선택하자"는 지혜를 줍니다.

지금의 유혹이 아무리 달콤해 보여도, 진짜 중요한 걸 잊지 않는 태도가 필요해요. 눈앞의 작은 이익보다 나의 미래와 가치에 집중하는 것, 그게 진짜 멋진 선택이에요.

한순간의 결정이 앞으로의 삶에 어떤 영향을 줄지, 깊이 생각하는 습관을 가져보면 좋겠어요.

진짜 손해는 작은 이득을 좇느라 중요한 가치를 놓쳐버리는 것이다.

- 탈무드 (Talmud)

눈앞의 이익만을 좇다 보면, 더 크고 소중한 것을 놓칠 수 있다는 경고예요.
진정한 가치는 순간의 이득보다 더 오래 남고 중요한 것임을 기억해야 해요.

小	貪	大	失
작을 소	탐할 탐	큰 대	잃을 실

이럴 때 이렇게 표현하기

→ 작은 돈을 아끼려다 큰 병원비가 든 것은 정말 **소탐대실**이에요.

→ 친구 몰래 간식을 먹으려다 벌을 받아서 **소탐대실**을 겪었어요.

→ 시험 답안을 베끼려다 떨어진 건 완전 **소탐대실**이었죠.

사리사욕 私利私慾

사사로운[私] 이익과[利] 사사로운[私] 욕심[慾]

10

사리사욕은 '자기만의 이익과 욕심'을 뜻합니다. 즉, 다른 사람이나 공동체의 이익을 생각하지 않고 오직 자신의 이익만을 바라는 마음입니다.

사리사욕은 누구나 가질 수 있지만, 그것에 빠지면 주변 사람들과의 관계가 멀어지고 신뢰를 잃게 됩니다.

특히 친구나 가족, 학교에서 모두가 함께 잘 지내기 위해서는 사리사욕을 줄이고 서로를 배려하는 마음이 필요합니다.

청소년 시기는 자기중심적인 생각을 조절하고 더 넓은 시야를 키우는 중요한 시기입니다.

사리사욕에 휘둘리면 소중한 기회를 놓칠 수 있고, 나중에 후회하는 일이 생기기도 합니다.

그래서 우리는 자신의 이익뿐 아니라 다른 사람의 행복도 함께 생각하며 행동해야 합니다. 이런 마음가짐이야말로 건강한 사회생활과 멋진 어른으로 성장하는 첫걸음입니다.

자기 욕심만 채우려는 마음은 마음의 감옥을 만든다.

그 감옥에서 벗어나려면 타인을 위한 마음을 키워야 한다.

– 마하트마 간디 (Mahatma Gandhi)

자기 욕심만 생각하면 스스로 마음의 틀에 갇히게 돼요.

진짜 자유를 얻으려면 다른 사람을 배려하는 마음을 키워야 합니다.

私	利	私	慾
사사 사	이로울 리	사사 사	욕심 욕

이럴 때 이렇게 표현하기

→ 친구들의 의견을 무시하고 자기 생각만 내세우는 것은 **사리사욕**이에요.

→ 팀 프로젝트에서 혼자만 좋은 점수를 받으려 한 건 **사리사욕** 때문이에요.

→ **사리사욕** 때문에 정직하지 못하면 친구를 잃을 수 있어요.

절체절명 絕體絕命

몸도[體] 끊기고[絕] 목숨도[命] 끊어질[絕] 위기

11

절체절명은 '몸도 끊기고, 목숨도 끊긴다'는 뜻이에요.

즉, 더 이상 물러설 수 없는 아주 위급한 상황을 말한답니다.

예를 들어, 시험 시간 1분 전인데 답안을 아직 다 못 썼을 때, 혹은 친구와의 오해로 우정이 끊어질 위기에 처했을 때처럼요.

여러분에게는 종종 이런 순간들이 찾아오곤 하지요.

그럴 때 절체절명이란 말은 단순히 위기를 말하는 게 아니라, 그 위기 속에서 우리가 어떤 선택을 하느냐가 중요하다는 걸 알려줘요.

벼랑 끝처럼 느껴지는 상황에서도 침착하게 마음을 다잡고, 용기 있게 한 걸음을 내디딘다면 오히려 그 위기가 새로운 기회로 바뀔 수도 있답니다.

절체절명은 끝이 아니라, 새로운 시작이 될 수도 있는 순간이에요.

우리가 해야 할 건, 포기보단 도전이에요. 어떤 순간에도 희망은 숨겨져 있으니까요.

우리는 실패나 절망의 순간에 부서지는 존재가 아니다.

그런 순간은 오히려 우리가 얼마나 단단한지를 증명할 기회다.

– 엘리너 루즈벨트 (Eleanor Roosevelt)

실패하거나 힘든 순간이 와도, 그건 끝이 아니라 내면의 힘을 확인할 기회예요.

어려움을 이겨낼 때, 우리는 더 강해지고 성장한 자신을 만날 수 있습니다.

絕	體	絕	命
끊을 절	몸 체	끊을 절	목숨 명

이럴 때 이렇게 표현하기

→ 이번 경기는 우리 팀에게 **절체절명**의 승부처다.

→ **절체절명**의 위기에서 친구의 도움으로 가까스로 탈출했다.

→ 지각 직전, 버스까지 놓쳐서 완전 **절체절명**이었죠.

바보 같은 질문, 천재 같은 대답!

우문현답 愚問賢答

어리석은[愚] 질문에[問] 현명한[賢] 대답[答]

12

우리 주변에서는 가끔 엉뚱하거나 철없는 질문을 던지는 친구를 볼 수 있어요.

그런 질문을 들으면 웃어넘기기 쉽지만, 어떤 사람은 그 질문에도 진지하게 대답해 줍니다. 이런 상황을 표현할 때 쓰는 말이 바로 '우문현답'이에요. 즉, '어리석은 질문에 현명한 대답이 돌아온다'는 뜻이랍니다.

처음엔 바보 같은 질문처럼 들릴 수 있지만, 그 질문을 통해 중요한 진리를 깨달을 수도 있어요.

예를 들어, "왜 공부해야 해?"라는 질문에 "더 나은 선택을 하기 위해서야"라고 답해 준다면, 그건 단순한 질문에 지혜롭게 답한 경우예요.

우문현답은 주로 누군가 순수하거나 엉뚱한 질문을 했을 때, 그것을 무시하지 않고 진지하고 깊이 있게 대답해 주는 상황에서 사용해요.

이런 대화는 서로의 생각을 넓혀 주고, 진짜 중요한 것을 발견하게 도와줍니다.

어리석은 사람은 질문을 하지 않기에, 배우지도 못한다.

질문을 던질 줄 아는 사람만이 지혜의 문을 열 수 있다.

- 플라톤 (Plato)

어리석은 사람은 질문하는 걸 부끄러워해서 배울 기회를 놓친다는 뜻이에요. 반대로, 질문할 용기가 있는 사람만이 진짜 지혜를 얻을 수 있답니다.

愚	問	賢	答
어리석을 우	들을 문	어질 현	대답할 답

이럴 때 이렇게 표현하기

→ 친구의 엉뚱한 질문에 선생님의 답변이 정말 **우문현답**이었다.

→ 가끔은 **우문현답** 같은 대화가 가장 깊은 깨달음을 준다.

→ 아이의 순수한 질문에 어른이 현명하게 답하는 것이 바로 **우문현답**이다.

멈칫멈칫, 왜 이렇게 느려?

지지부진 遲遲不進

늦고[遲] 늦어서[遲] 나아가지[進] 못하다[不]

13

　우리 모두 무언가를 시작할 때 기대와 설렘이 가득하죠. 하지만 가끔은 일이 좀처럼 진전되지 않고 멈춰 있는 듯한 느낌이 들 때가 있어요.

　바로 이런 상황을 표현하는 말이 '지지부진'입니다. '지지부진'은 일이 늦어지고 더디게 나아가지 못하는 상태를 뜻한답니다.

　예를 들어, 숙제를 하기로 마음먹었지만 자꾸만 미루고 조금씩만 하다 보니 끝내지 못하는 모습을 생각해 보면 쉬워요. 또는 운동을 꾸준히 해야 하는데 시작도 못 하고 머뭇거리는 경우에도 쓸 수 있죠.

　이 말은 어떤 일을 할 때 열정이나 의지는 있지만, 생각보다 속도가 나지 않아 답답할 때 주로 쓰입니다. 청소년 시절에는 공부, 취미, 친구 관계 등 다양한 일에서 '지지부진'한 순간을 경험할 수 있어요.

　그럴 때 너무 조급해하지 말고 천천히, 꾸준히 한 걸음씩 나아가는 것이 중요하답니다. '지지부진'한 상황도 결국은 성장의 과정일 수 있으니까요.

우리가 가장 많이 실패하는 이유는 목표가 너무 크거나

시작이 너무 느려서가 아니라, 지속하지 못하기 때문이다.

- 윌리엄 제임스 (William James)

사람들이 실패하는 이유는 너무 큰 목표나 느린 시작 때문이 아니라,

포기하고 꾸준히 하지 않아서예요.

그래서 무엇이든 끝까지 계속하는 마음이 가장 중요하답니다.

遲	遲	不	進
늦을 지	늦을 지	아닐 부	나아갈 진

> **이럴 때 이렇게 표현하기**

→ 시험공부가 너무 어려워서 자꾸만 **지지부진**해졌다.

→ 팀 프로젝트가 **지지부진**해서 마감일이 걱정된다.

→ 운동을 시작했지만 몸이 무거워서 **지지부진**하게 계속되고 있다.

공사다망 公私多忙

공적인 일과[公] 사적인 일이[私] 많아[多] 바쁘다[忙]

14

우리는 살아가면서 학교 공부, 친구 관계, 가족과의 시간 등 다양한 일들로 바쁘게 지냅니다. 이런 상태를 한자로 '공사다망'이라고 합니다.

'공사'는 '공적인 일과 사적인 일'을 뜻하고, '다망'은 '바쁘다'는 뜻이랍니다. 즉, 개인적인 일과 공적인 일이 모두 많아 정신이 없고 바쁘다는 의미입니다.

청소년들은 공부, 동아리 활동, 학원, 그리고 집안일 등 여러 가지 일을 동시에 하다 보면 하루가 모자랄 정도로 바쁘죠. 이럴 때 친구들이 "요즘 왜 이렇게 공사다망해?"라고 묻기도 합니다.

공사다망한 시기는 스트레스를 느낄 수도 있지만, 한편으로는 자신이 성장하는 과정임을 의미하기도 합니다. 중요한 것은 바쁜 와중에도 자신을 돌보고 휴식을 취하는 법을 배우는 것입니다.

바쁠 때일수록 시간을 잘 관리하고 우선순위를 정하는 연습을 하면, 더 효율적으로 하루를 보낼 수 있답니다. 공사다망한 시기에도 작은 행복을 찾으며 힘내길 바랍니다.

할 일이 많다는 것은 삶이 풍요롭다는 뜻이지만,

그것에 휘둘리지 않고 스스로를 잃지 않는 것이 중요하다.

- 윌리엄 아서 워드 (William Arthur Ward)

할 일이 많다는 것은 우리가 다양한 경험을 하고 있다는 뜻이에요.

하지만 너무 바빠서 자신을 잃지 않도록 마음을 잘 챙기는 것이 더 중요하답니다.

公	私	多	忙
공변될 공	사사 사	많을 다	바쁠 망

이럴 때 이렇게 표현하기

→ 요즘 학교 공부와 가족 일로 **공사다망**해서 친구들을 자주 못 만나요.

→ **공사다망**한 하루였지만, 열심히 노력한 보람을 느꼈어요.

→ 시험 기간이라 **공사다망**하지만, 건강도 꼭 챙겨야 해요.

노발대발 怒發大發

화를[怒] 내서 머리카락이[發] 크게[大] 곤두서다[發]

15

우리가 살면서 가끔 참기 어려울 만큼 화가 날 때가 있습니다. 이럴 때를 한자로 '노발대발'이라고 합니다. 즉, 화가 나서 머리카락이 쭈뼛쭈뼛서는 것처럼 몹시 화를 내는 상태를 말합니다.

청소년 시절에는 친구나 가족, 학교생활에서 스트레스를 받거나 억울한 일을 겪을 때 노발대발하는 경우가 있을 수 있습니다.

하지만 노발대발은 감정을 너무 격하게 표현하는 것이므로, 그 순간에는 잠시 숨을 깊게 쉬고 마음을 가라앉히는 것이 중요합니다.

화를 잘 다스리는 법을 배우면 더 현명하게 문제를 해결할 수 있습니다. 노발대발은 때로 자신의 감정을 표현하는 방법이지만, 지나친 분노는 주변 사람들과의 관계를 어렵게 만들 수 있으니 조심해야 합니다.

따라서 노발대발할 때는 왜 화가 났는지 생각해 보고, 차분하게 이야기하는 연습을 하면 좋겠습니다.

화를 낸다는 것은 마치 뜨거운 숯덩이를 남에게 던지는 것과 같다.

결국 자신이 다치게 된다.

– 부처 (Buddha)

화를 내는 것은 결국 자신에게 더 큰 상처가 됩니다.

그러니 화가 날 때는 마음을 가라앉히는 것이 중요해요.

怒	發	大	發
성낼 노	필 발	큰 대	필 발

이럴 때 이렇게 표현하기

→ 친구가 내 비밀을 말해서 **노발대발**했어요.

→ 시험 점수가 나빠서 엄마가 **노발대발**하셨어요.

→ 약속을 어긴 친구 때문에 나는 **노발대발**했어요.

행동이 곧 결과다, 씨 뿌린 대로 거둔다!

인과응보 因果應報

원인과[因] 결과에[果] 따라[應] 보답한다[報]

우리는 살면서 좋은 일도 있고 나쁜 일도 겪어요. '인과응보'는 이런 삶의 이치를 잘 설명해 주는 말이에요.

'인(因)'은 '원인'을 뜻하고, '과(果)'는 '결과'를 의미해요. '응보(應報)'는 '그에 맞는 보답이나 벌'을 나타냅니다. 그래서 인과응보는 우리가 한 행동에 따라 반드시 그에 맞는 결과가 따른다는 뜻이랍니다.

좋은 행동을 하면 좋은 결과가 오고, 나쁜 행동을 하면 나쁜 결과를 맞게 된다는 교훈이 담겨 있어요. 예를 들어 친구에게 친절하게 대하면 좋은 친구가 되어 주지만, 거짓말을 하면 신뢰를 잃게 됩니다.

청소년 시기는 인과응보를 배우고 실천하기에 아주 중요한 때에요. 자신의 행동이 미래에 어떤 영향을 미칠지 생각하면서 항상 올바른 선택을 하는 노력이 필요합니다.

인과응보는 우리 삶의 자연스러운 법칙입니다. 이 말을 마음에 새기고 긍정적인 행동을 한다면 더 좋은 미래를 만들 수 있답니다.

삶은 거울과 같다. 당신이 미소 지으면 미소가 돌아오고,

분노하면 분노가 되돌아온다.

모든 행동에는 그에 따른 반응이 있다.

- 존 밀턴 (John Milton)

삶은 거울처럼 우리가 하는 대로 반응해요.

따라서 좋은 마음을 가지면 좋은 일이 돌아오고, 화를 내면 또 화가 찾아온답니다.

因	果	應	報
인할 인	열매 과	응할 응	갚을 보

이럴 때 이렇게 표현하기

→ **인과응보** 때문에 우리는 항상 올바른 행동을 해야 해요.

→ 친구에게 잘하면 **인과응보**로 좋은 일이 돌아옵니다.

→ 나쁜 행동은 **인과응보**에 따라 불이익을 가져올 수 있답니다.

심기일전 心機一轉

어떤[一] 계기에[機] 마음을[心] 돌리다[轉]

17

'심기일전'이라는 말은 마음의 생각이나 태도를 완전히 새롭게 바꾸는 것을 뜻해요. '심기(心機)'는 마음속 깊은 생각이나 기회를 의미하고, '일전(一轉)'은 한 번 돌린다는 뜻입니다.

그래서 심기일전은 '마음을 한 번 크게 바꾼다'는 뜻이랍니다.

이 말은 보통 실패하거나 힘든 일이 있을 때, 다시 마음을 다잡고 새롭게 시작할 때 쓰여요. 예를 들어, 시험에서 떨어졌지만 포기하지 않고 다시 열심히 준비하려 할 때 심기일전이라고 할 수 있어요.

청소년 시기에는 이런 마음가짐이 아주 중요해요. 실패에 좌절하지 않고 마음을 바꾸어 도전하면 더 큰 성장을 이룰 수 있기 때문입니다.

심기일전은 우리에게 새로운 힘과 용기를 줍니다.

마음을 새롭게 하면 어려움도 극복할 수 있고, 더 나은 자신으로 변할 수 있답니다. 그러니 어떤 일이 있어도 심기일전의 자세로 항상 다시 시작할 용기를 가져 보세요.

지금 이 순간부터 마음을 새롭게 하라.

어제의 실수에 매이지 말고 오늘부터 다시 시작하라.

– 마야 안젤루 (Maya Angelou)

마음을 새롭게 하고 과거의 실수에 집착하지 않는 것이 중요해요.

오늘부터 다시 도전하면 더 나은 내일이 찾아온답니다.

心	機	一	轉
마음 심	베틀 기	한 일	구를 전

이럴 때 이렇게 표현하기

→ 시험에 실패했지만 **심기일전**해서 다시 공부를 시작했다.

→ 운동선수는 부상 후 **심기일전**하며 훈련에 집중했다.

→ 친구와 싸운 뒤 마음을 고쳐먹고 **심기일전**했다.

작심삼일 作心三日

마음을[心] 작심하여[作] 삼일[三][日]

18

'작심삼일'은 '마음을 먹은 지 사흘밖에 가지 않는다'는 뜻이에요. 쉽게 말해, 어떤 결심이나 다짐을 해도 오래가지 못하고 금방 포기하는 모습을 말합니다.

'작심'은 마음을 먹는 것이고, '삼일'은 사흘을 뜻하니, 결심이 짧게 끝나는 상황을 표현하는 사자성어랍니다.

청소년 시기에는 새로운 목표를 세우고 도전하는 일이 많은데, 작심삼일이 되지 않도록 주의해야 해요.

예를 들어, 다이어트나 공부 계획을 세웠지만 금방 의욕이 사라져 버리는 경우가 많습니다. 이런 마음가짐은 성장에 방해가 되기 때문에 꾸준함이 중요하다는 것을 알려 줍니다.

작심삼일을 극복하려면 작은 목표부터 차근차근 이루어 가고, 스스로에게 격려와 인내를 주는 것이 필요해요.

꾸준히 노력하면 어느 순간 마음먹은 일이 자연스럽게 습관이 되고, 더 큰 성취로 이어질 수 있답니다.

포기하지 말라. 모든 위대한 일들은

처음에는 불가능해 보였지만, 꾸준함으로 가능해졌다.

– 루이스 파스퇴르 (Louis Pasteur)

처음에는 어려워 보여도 포기하지 않는 마음이 중요해요.

꾸준히 노력하면 어떤 일도 결국 해낼 수 있답니다.

作	心	三	日
지을 작	마음 심	석 삼	날 일

이럴 때 이렇게 표현하기

→ 새해 다짐이 **작심삼일**로 끝나지 않도록 노력해야 해요.

→ 공부 계획을 세웠지만 **작심삼일**이 되어버렸다.

→ 운동도 **작심삼일**로 끝내지 말고 꾸준히 해야 해요.

사생결단 死生決斷

죽음과[死] 삶을[生] 결단하다[決][斷]

19

'사생결단'은 '목숨을 걸고 살고 죽음을 가르는 결단'을 뜻해요. 쉽게 말해, 아주 중요한 순간에 모든 것을 걸고 끝까지 최선을 다하는 결정을 말합니다.

'사생'은 죽고 사는 것을 의미하고, '결단'은 확실하게 결정을 내리는 것이랍니다.

이 사자성어는 포기할 수 없는 상황이나 큰 도전 앞에서 용기 있게 마음을 정할 때 사용해요.

예를 들어, 중요한 시험을 앞두고 최선을 다하기로 마음먹었을 때나 팀 경기에서 반드시 이기겠다는 각오를 다질 때 쓸 수 있습니다.

청소년 시기에는 여러 가지 선택과 도전이 많기 때문에 사생결단의 정신이 필요할 때가 많아요.

중요한 순간마다 두려움을 극복하고 끝까지 힘을 내는 용기가 성장의 밑거름이 되니까요. 그러니 어떤 일이든 포기하지 않고 끝까지 최선을 다하는 마음을 가지면 좋겠습니다.

인생의 중요한 순간에는

주저하지 말고 온 힘을 다해 결단을 내려야 한다.

망설임은 후회를 낳지만, 과감한 결단은 새로운 길을 연다.

- 토니 로빈스 (Tony Robbins)

중요한 순간에는 망설이지 말고 용기 있게 결정하는 것이 중요해요.

주저하면 후회할 수 있지만, 과감한 선택은 새로운 기회를 만들어 준답니다.

死	生	決	斷
죽을 사	날 생	결단할 결	끊을 단

이럴 때 이렇게 표현하기

→ 이번 시험은 **사생결단**의 각오로 준비했어요.

→ 팀을 지키기 위해 **사생결단**의 마음으로 경기에 임했어요.

→ **사생결단**이라는 말처럼, 이번엔 꼭 포기하지 않고 해낼 거예요.

칼같은 결단, 내 삶의 드라마 시작!

일도양단 一刀兩斷

한[一] 칼에[刀] 양쪽을[兩] 끊는다[斷]

20

때로는 마음이 복잡하고 갈등이 클 때가 있어요. 이럴 때 우리에게 필요한 건 바로 '일도양단'이에요.

이 말은 "칼로 한 번에 두 동강을 낸다"는 뜻으로, 복잡하고 애매한 상황을 단번에 명확하게 해결하는 결단력을 뜻한답니다.

예를 들어, 친구와의 사이에서 계속 고민만 하거나, 하고 싶은 일이 있지만 망설이기만 할 때가 있지요.

그런 순간에 너무 오래 끌지 말고, 용기를 내어 결정을 내리는 것이 중요해요. 망설임은 때로 좋은 기회를 놓치게 하기도 하니까요.

물론 모든 선택이 쉬운 건 아니에요.

하지만 한 번쯤은 단호하게 결단을 내려야 할 때가 있어요. 일도양단처럼 말이에요.

우유부단하게 머뭇거리는 대신, 똑 부러진 판단으로 내 삶의 방향을 정해보는 거죠. 때로는 망설이지 않는 용기가, 여러분의 멋진 내일을 만들어줄 거예요.

미루는 자는 두 번 일하고,

결단하는 자는 한 번의 기회로 인생을 바꾼다.

- 나폴레옹 보나파르트 (Napoleon Bonaparte)

미루기만 하면 같은 일을 반복하게 되고, 기회를 놓치기 쉬워요.

하지만 용기 있게 결단하면 인생을 바꿀 수 있는 한 번의 기회가 찾아온답니다.

一	刀	兩	斷
한 일	칼 도	두 량	끊을 단

이럴 때 이렇게 표현하기

→ 그는 고민 끝에 친구와의 관계를 **일도양단**했어요.

→ 불필요한 걱정은 **일도양단**하듯 끊어내는 게 좋아요.

→ 미루던 결정을 드디어 **일도양단**했답니다.

우유부단 優柔不斷

너그럽고[優] 부드럽지만[柔] 결단하지[斷] 못한다[不]

21

'우유부단'이라는 말은 '마음이 약하고 망설이기만 해서 결단을 내리지 못하는 상태'를 뜻한답니다. 무언가를 선택해야 할 때 머뭇거리며 시간을 끌고, 결국 아무것도 하지 못하게 되는 걸 말해요.

청소년 시기는 진로, 친구 관계, 자기 결정 등 중요한 선택의 연속이에요. 그럴 때마다 지나치게 망설이고 걱정만 하다 보면, 기회를 놓치기 쉬워요. 물론 신중함은 필요하지만, 과한 망설임은 오히려 나에게 손해를 주는 경우가 많답니다.

우유부단은 자신감이 부족할 때 자주 나타나요. "혹시 실수하면 어쩌지?" 하는 생각이 앞서 결정을 미루게 되죠.

하지만 때로는 '실수도 경험'이라는 마음으로 한 걸음 내딛는 용기가 필요해요.

자신의 선택에 책임을 지려는 자세와, 한 번의 실패쯤은 배움으로 삼겠다는 용기를 갖는다면, 우유부단한 태도에서 벗어나 보다 단단한 자신으로 성장할 수 있답니다.

기회를 오래 붙잡고 있을 수는 없다.

준비가 되었을 때 결단하지 않으면, 그것은 다른 사람의 것이 된다.

– 나폴레옹 힐 (Napoleon Hill)

기회는 언제까지나 기다려주지 않아요.

준비가 되었다면 망설이지 말고 용기 있게 결단해야 해요.

優	柔	不	斷
부드러울 우	부드러울 유	아닐 부	끊을 단

이럴 때 이렇게 표현하기

→ 그는 **우유부단**해서 메뉴 하나 고르는데도 10분이나 걸렸어요.

→ **우유부단**한 태도 때문에 팀원들이 답답해했어요.

→ 중요한 순간에 **우유부단**하면 기회를 놓치기 쉬워요.

좌고우면 左顧右眄

왼쪽을[左] 둘러보고[顧] 오른쪽을[右] 곁눈질[眄] 하다

22

좌고우면은 '왼쪽과 오른쪽을 두리번거리며 망설인다'는 뜻이에요. 쉽게 말해, 어떤 결정을 내릴 때 너무 많은 생각과 걱정으로 머뭇거리는 상황을 말합니다.

청소년 여러분도 중요한 선택을 할 때, 다른 사람의 시선이나 결과를 지나치게 신경 쓰면서 마음이 흔들릴 때가 있지요. 이런 태도는 자신감을 떨어뜨리고, 결국에는 행동하지 못하게 만들기도 합니다.

좌고우면하는 것은 때로는 신중함이지만, 지나치면 시간을 낭비하고 기회를 잃는 결과로 이어집니다. 그래서 때로는 과감하게 한쪽 방향을 정하고 앞으로 나아가는 용기가 필요합니다.

좌고우면은 망설임과 불안이 섞인 마음 상태를 표현하는 말로, 우리 모두가 한 번쯤 경험하는 감정입니다.

중요한 것은 너무 많은 걱정에 머물지 말고, 자신을 믿고 한 걸음을 내딛는 것이랍니다. 좌고우면하는 마음을 이겨내면 더 큰 성장과 경험을 얻을 수 있어요.

망설임은 꿈을 현실로 만드는 가장 큰 방해물이다.

진정한 용기는 순간의 불확실함을 이겨내는 것이다.

- 에리카 종(Erica Jong)

망설이면 꿈을 이루기 어려워집니다.

진짜 용기는 두려워도 한 발짝 나아가는 힘이에요.

左	顧	右	眄
왼 좌	돌아볼 고	오른쪽 우	곁눈질할 면

이럴 때 이렇게 표현하기

→ 시험 문제를 두고 **좌고우면**하다가 시간이 부족해졌다.

→ 친구와의 다툼 후 어떻게 해야 할지 **좌고우면**하며 마음이 복잡했다.

→ 여행지를 결정하지 못해 **좌고우면**하다 결국 아무 데도 가지 못했다.

내가 나를 포기하면 누가 날 챙겨줄까?

자포자기 自暴自棄

스스로[自] 포기하고[暴] 스스로[自] 버린다[棄]

23

자포자기는 '스스로를 학대하고 스스로를 버린다'는 뜻입니다.

즉, 자신의 상황이나 문제를 너무 어렵고 힘들게 느껴서 더 이상 노력하지 않고 포기하는 마음가짐을 말합니다.

청소년들이 공부나 인간관계, 미래에 대한 고민으로 지칠 때 자주 느끼는 감정이기도 합니다. 이런 마음이 들면 자신을 소중히 여기지 않고, 상황을 더 악화시키는 행동을 하기도 합니다.

하지만 자포자기는 문제를 해결하는 방법이 될 수 없고, 오히려 자신을 더 힘들게 만드는 독이 될 뿐입니다.

어려운 순간일수록 잠시 멈추어 숨을 고르고, 주변 사람들과 이야기하며 도움을 구하는 것이 필요합니다. 작은 변화와 노력들이 모여서 큰 힘이 되기 때문입니다.

청소년 여러분도 힘든 마음이 들 때, 자포자기하지 말고 스스로를 믿으며 한 걸음씩 나아가길 바랍니다. 이렇게 마음을 다잡는 태도가 앞으로의 길을 밝게 만들어 줍니다.

절망이 온다고 해서 모든 것이 끝나는 것은 아니다.

진짜 실패는 포기할 때 찾아온다. 삶은 계속되고,

다시 일어설 힘은 언제나 내 안에 있다.

- 빅터 프랭클 (Victor Frankl)

절망이 찾아와도 끝이 아니고, 진짜 실패는 포기할 때 생겨요. 힘들어도 다시 일어설 수 있는 용기는 우리 모두 마음속에 있답니다.

自	暴	自	棄
스스로 자	사나울 포	스스로 자	버릴 기

이럴 때 이렇게 표현하기

→ 시험을 망친 후 **자포자기**하며 아예 공부를 하지 않았다.

→ 친구와 크게 싸운 뒤 **자포자기**한 마음에 연락을 끊었다.

→ 꿈을 이루기 어려워 **자포자기**하며 도전을 멈추려 했다.

한 번 맛본 승리, 계속 달려볼까?

승승장구 乘勝長驅

승리를[勝] 타고[乘] 멀리[長] 달린다[驅]

24

승승장구는 '이긴 기세를 타고 힘차게 나아간다'는 뜻입니다.

쉽게 말해, 좋은 결과나 성공을 맛본 뒤 그 힘을 이어 계속 좋은 방향으로 나아가는 모습을 말합니다.

여러분이 공부나 운동, 친구 관계에서 작은 성과를 이루었을 때, 그 자신감을 바탕으로 더 큰 목표를 향해 나아갈 때 이 표현을 사용할 수 있습니다.

승승장구하는 기분은 마치 자신감과 용기가 가득 차서 무슨 일이든 할 수 있을 것 같은 느낌을 줍니다. 하지만 중요한 것은 처음 성공에 안주하지 않고, 꾸준히 노력하며 한 걸음씩 앞으로 나가는 태도입니다. 어려움이 찾아와도 포기하지 않고, 작은 성공을 디딤돌 삼아 더 높은 곳을 향해 계속 달려가는 것이 진짜 승승장구입니다.

청소년 여러분도 작은 성취를 자랑스럽게 여기고, 그 힘을 믿으며 앞으로 힘차게 나아가길 바랍니다. 그렇게 나아갈 때 여러분의 꿈도 점점 가까워질 것입니다.

성공은 우연이 아니다.

그것은 열심히 하고, 인내하고, 배움과 희생,

그리고 무엇보다 우리가 하고 있는 일에 대한 사랑에서 비롯된다.

- 펠레 (Pelé)

성공은 노력과 인내, 배움에서 시작돼요.

좋아하는 일을 사랑할 때, 그 힘으로 계속 나아갈 수 있답니다.

乘	勝	長	驅
탈 승	이길 승	길 장	몰 구

이럴 때 이렇게 표현하기

→ 지난 대회에서 우승한 뒤 그는 **승승장구**하며 연속으로 상을 받았다.

→ 열심히 공부한 결과 성적이 오르고, **승승장구**하는 기분이었다.

→ 작은 성공을 시작으로 그녀는 **승승장구**하며 꿈에 한 걸음 더 다가갔다.

백절불요 百折不撓

백 번[百] 꺾여도[折] 흔들리지[撓] 않는다[不]

25

살다 보면 우리는 종종 넘어지게 돼요. 원하는 결과가 나오지 않거나, 실패를 반복할 때 마음이 지치기도 하지요.

이럴 때 떠올리고 싶은 말이 있어요. 바로 '백절불요'예요. 이 말은 백 번 꺾여도 결코 굽히지 않는다는 뜻이랍니다.

청소년 시기는 꿈을 키워가는 시기예요. 아직 정해지지 않은 길 위에서 우리는 수많은 시도와 실패를 경험하게 돼요. 시험에 떨어질 수도 있고, 도전했던 일이 생각만큼 잘되지 않을 수도 있어요.

하지만 그럴 때마다 "나는 안 돼"라고 단정 짓기보다는, 백절불요의 마음으로 다시 일어서는 용기가 필요해요.

실패는 부끄러운 게 아니에요. 오히려 도전했다는 증거예요. 쉽게 포기하지 않고, 자신을 믿으며 계속 나아가는 사람만이 결국 꿈에 가까워질 수 있답니다.

백절불요는 그런 마음을 지닌 사람에게 어울리는 말이에요.

패배에 굴복하지 마라.

그것은 단지 다시 시작하라는 신호일 뿐이다.

- 리처드 브랜슨 (Richard Branson)

실패는 끝이 아니라 다시 시작하라는 신호예요.

포기하지 말고 다시 도전하면 더 강해질 수 있어요.

百	折	不	撓
일백 백	꺾을 절	아니 불	꺾일 요(뇨)

이럴 때 이렇게 표현하기

→ 시험 떨어져도 **백절불요**하며 다시 도전해요.

→ 넘어져도 **백절불요**하고 다시 일어나요.

→ 힘들어도 **백절불요**하는 친구가 멋져요.

가까이 있다고 다 보이는 건 아니래요!

등하불명 燈下不明

등잔[燈] 밑은[下] 밝지[明] 않다[不]

26

살면서 우리는 가끔 가까운 곳에 있는 것을 잘 보지 못할 때가 있어요. 바로 이럴 때 떠오르는 말이 '등하불명'이에요.

등잔불 아래가 어둡다는 뜻으로, 가까이 있는 것이 오히려 잘 보이지 않는 상황을 말한답니다. 쉽게 말해, 너무 가까워서 정작 중요한 것을 놓치는 경우를 뜻해요.

학교에서 친구나 가족과 너무 익숙해져서 그 소중함을 잊어버린 적 있나요? 또는 자기 자신에 대해서는 잘 알 것 같지만, 정작 중요한 부분은 놓치기도 해요.

바로 이런 때에 등하불명이라는 말을 떠올리면 좋아요.

우리 주변을 자세히 살펴보면, 가까운 사람과 사물도 다시 한 번 관심을 가지고 들여다봐야 한다는 뜻이 담겨 있답니다. 등하불명은 멀리 있는 것보다 가까운 것을 더 잘 살피라는 조언이기도 해요.

그러니 때로는 가까운 것에 대한 마음을 새롭게 하고, 소중함을 다시 깨닫는 시간이 필요하답니다.

우리는 종종 너무 가까이 있어 소중한 것들을 볼 줄 모른다.

멀리서 바라볼 때야 비로소 그 가치를 깨닫는다.

– 마이클 드러커 (Michael Drucker)

가까이 있으면 소중한 것을 쉽게 놓칠 수 있어요.

때로는 한 걸음 물러서서 보면 그 가치를 더 잘 알 수 있답니다.

燈	下	不	明
등불 등	아래 하	아니 불	밝을 명

이럴 때 이렇게 표현하기

→ 가까운 가족의 마음을 몰라서 속상할 때, **등하불명**이라고 생각해요.

→ 친구가 바로 옆에 있는데 소중함을 모를 때 **등하불명**이 떠올라요.

→ 자기 자신을 잘 모를 때가 바로 **등하불명**의 상황이에요.

콩 심으면 콩, 팥 심으면 팥, 결과도 똑같아요!

종두득두 種豆得豆

콩을[豆] 심으면[種] 콩을[豆] 얻다[得]

종두득두는 "콩을 심으면 콩을 얻는다"는 뜻이에요. 쉽게 말해, 어떤 행동을 하면 그에 맞는 결과가 반드시 따른다는 뜻이랍니다.

우리가 어떤 노력을 하거나 선택을 할 때, 그에 상응하는 결과가 돌아온다는 중요한 교훈을 담고 있어요.

예를 들어, 열심히 공부하면 좋은 성적을 얻을 수 있고, 착한 행동을 하면 좋은 친구를 만들 수 있겠죠? 반대로 아무런 노력 없이 좋은 결과만 바라면 안 된다는 말이기도 해요.

이 말은 우리에게 '노력 없는 성공은 없다'는 진리를 알려줘요. 그래서 어떤 일을 시작할 때는 결과를 기대하며 꾸준히 최선을 다하는 자세가 필요하답니다.

결국 '종두득두'는 우리가 심는 씨앗, 즉 행동이 미래의 열매를 만든다는 뜻으로, 매 순간 올바른 선택과 노력이 중요하다는 것을 말해준답니다.

인생은 당신이 심는 대로 자란다.

긍정적인 생각과 행동이 긍정적인 결과를 가져온다.

– 노먼 빈센트 필 (Norman Vincent Peale)

우리 생각과 행동이 인생의 씨앗이에요.

좋은 마음으로 노력하면 좋은 결과를 얻을 수 있답니다.

種	豆	得	豆
씨 종	콩 두	얻을 득	콩 두

이럴 때 이렇게 표현하기

→ 노력한 만큼 결과가 따라오는 것은 바로 **종두득두**예요.

→ **종두득두**처럼, 우리가 심은 대로 거두게 된답니다.

→ 좋은 마음을 심으면 좋은 일이 생기는 것이 **종두득두**입니다.

63

일어난 건 맞는데, 내가 한 건 아냐!

오비이락 烏飛梨落

까마귀[烏] 날자[飛] 배[梨] 떨어진다[落]

28

오비이락은 '까마귀가 날아가고 배가 떨어진다'는 뜻이에요. 이 말은 두 사건이 동시에 일어나지만, 사실 서로 관련이 없다는 의미랍니다.

쉽게 말해, 어떤 일이 일어났을 때 사람들이 오해하거나 헷갈릴 수 있지만, 실제로는 전혀 상관없는 경우가 많다는 거예요.

예를 들어, 누군가를 의심하는 일이 생겼는데 그 사람이 한 행동과 실제 사건이 우연히 겹쳐서 오해가 생길 때 '오비이락'이라는 말을 쓸 수 있답니다.

아무리 상황이 비슷해 보여도 꼭 연결되는 것은 아니라는 점을 기억해야 해요.

이 말은 우리가 쉽게 판단하거나 성급하게 결론 내리지 말아야 한다는 교훈을 담고 있답니다.

겉으로 보이는 것만으로 판단하지 말고, 신중하게 생각하라는 뜻으로 우리에게 중요한 지혜를 알려준답니다.

보는 대로 믿지 말고, 믿기 전에 다시 보아라.

오해는 대개 눈보다 빠른 마음에서 시작된다.

– 알랭 드 보통 (Alain de Botton)

눈에 보인다고 해서 그게 전부는 아니에요.

오해는 사실보다 감정이 앞설 때 생기니까, 한 번 더 생각해보는 게 중요해요.

烏	飛	梨	落
까마귀 오	날 비	배나무 리(이)	떨어질 락(낙)

이럴 때 이렇게 표현하기

→ 친구 옆에 있다가 물건이 사라져서 괜히 **오비이락**처럼 오해를 받았어요.

→ 시험 바로 전에 담임선생님을 만났더니, 선생님이 힌트를 줬다고 **오비이락**으로 오해받았어요.

소 뿔 잡다가 인생 꼬인다?

교각살우 矯角殺牛

소뿔을[角] 바로잡으려다[矯] 소를[牛] 죽인다[殺]

29

우리는 무언가 잘못된 것을 발견하면 고치고 싶어져요. 그런데 너무 완벽하게 하려다 더 큰 문제를 일으키는 경우도 있답니다.

이를 두고 옛사람들은 '교각살우'라고 했어요. '소의 뿔을 바로잡으려다가 소를 죽인다'는 뜻이에요.

즉, 작은 결점을 고치려다 전체를 망치게 되는 상황을 말하는 거예요.

예를 들어, 친구가 말실수를 했다고 바로 따지거나 고치려 들면 오히려 사이가 틀어질 수 있어요. 또는 내 단점을 고치려 무리하게 바꾸려다 자존감까지 잃을 수도 있고요.

그래서 때로는 부족한 부분을 그대로 받아들이거나, 천천히 바꾸는 지혜가 필요하답니다.

교각살우는 완벽을 향한 조급함보다, 전체를 보는 여유를 가지라는 말이에요. 청소년 시기에는 실수도 성장의 일부라는 걸 기억해 주세요.

인생의 많은 실패는,

단점을 없애려다 장점을 함께 잃어버린 데서 비롯된다.

- 노먼 빈센트 필 (Norman Vincent Peale)

완벽해지려고 단점만 없애려다 보면, 내 좋은 점들도 사라질 수 있어요.

그래서 나 자신을 있는 그대로 인정하는 게 더 중요합니다.

矯	角	殺	牛
바로잡을 교	뿔 각	죽일 살	소 우

이럴 때 이렇게 표현하기

→ 숙제를 고치려다 너무 오래 걸려서 **교각살우**가 됐어요.

→ 친구의 작은 실수를 바로잡으려다 **교각살우**를 겪었어요.

→ 계획을 완벽하게 하려다 오히려 실패한 **교각살우**예요.

새로고침 눌렀더니 인생이 달라졌어요!

환골탈태 換骨奪胎

뼈를[骨] 바꾸고[換] 태를[胎] 빼다[奪]

환골탈태는 '뼈를 바꾸고 태를 바꾼다'는 뜻이에요. 겉모습만 바꾸는 게 아니라, 속까지 완전히 달라진다는 의미랍니다. 단순한 변화가 아니라, 전혀 다른 사람처럼 새로 태어나는 것과 같지요.

예를 들어 성적이 늘 바닥이던 친구가 마음을 다잡고 노력해서 상위권에 들어간다면, 그건 정말 '환골탈태'한 거예요.

또는 말도 잘 안 하던 아이가 발표도 잘하고 친구들과 어울리는 모습으로 바뀌었다면, 그것도 환골탈태라고 할 수 있어요.

이 말은 단순한 변신이 아니라 노력과 시간이 만든 깊은 변화를 뜻한답니다. 그래서 누군가 멋지게 성장하거나 놀라울 정도로 바뀌었을 때 자주 쓰여요.

우리도 스스로를 환골탈태시킬 수 있어요. 지금의 나보다 더 나은 나로, 조금씩 바꿔가는 거예요.

환골탈태는 특별한 사람만 하는 게 아니라, 마음먹은 누구나 이뤄낼 수 있는 변화랍니다.

68

더 나은 나를 만들고 싶다면,

어제의 나를 기꺼이 버릴 준비를 해야 한다.

- 로빈 샤르마 (Robin Sharma)

어제의 나에 머물면 성장할 수 없어요.

새로운 나로 바뀌려면, 과거의 습관과 마음을 과감히 내려놓을 용기가 필요해요.

換	骨	奪	胎
바꿀 환	뼈 골	빼앗을 탈	아이 밸 태

이럴 때 이렇게 표현하기

→ 중학교 때는 말도 없던 그 친구, 고등학교 와서 **환골탈태**했어!

→ 그 팀은 열심히 준비해서 완전히 **환골탈태**한 무대를 보여줬다.

→ 나도 이번 방학엔 진짜 **환골탈태**할 거야.

유야무야 有耶無耶

있는 듯[有][耶] 없는 듯[無][耶]

31

가끔 친구랑 약속을 잡으려다가 "내일 다시 얘기하자"며 미루고, 결국 아무 말 없이 흐지부지 끝난 적 있지 않나요? 이런 상황을 '유야무야'라고 해요. 어떤 일의 결과가 분명하지 않고, 슬그머니 넘어가며 흐려지는 걸 뜻한답니다.

유야무야는 일상 속에서 자주 볼 수 있어요. 예를 들어, 학교에서 회의하던 중 중요한 안건이 있었는데 서로 눈치만 보다 그냥 넘어가 버린 경우, 이 역시 유야무야라고 할 수 있어요. 이렇게 중요한 일이 흐지부지 끝나면 책임도 불분명하고, 결국 아무것도 바뀌지 않게 되죠.

청소년 시기에는 친구 관계나 공부, 진로 같은 문제에서 결정을 내리는 연습이 중요해요.
유야무야하게 넘기다 보면 스스로 성장할 기회를 놓치기도 해요. 분명하게 말하고, 행동으로 옮기는 용기가 필요하답니다.
때로는 모호함 속에서 편해 보일 수 있지만, 진짜 중요한 일일수록 '유야무야'하지 않게 마무리하는 태도가 멋진 어른이 되는 첫걸음이에요.

모호함 속에서 피하려 하지 말고,

불편하더라도 명확히 해야 할 것을 바로잡아야 한다.

- 브렌 브라운 (Brené Brown)

모호하게 넘기면 문제는 더 커질 수 있어요.

불편해도 확실하게 해결하는 용기가 필요합니다.

有	耶	無	耶
있을 유	어조사 야	없을 무	어조사 야

이럴 때 이렇게 표현하기

→ 친구와 약속 시간을 정하지 않고 **유야무야**하다가 결국 만나지 못했어요.

→ 숙제 제출 날짜를 **유야무야** 미루다 선생님께 혼났답니다.

→ 중요한 회의에서 결정을 못 하고 **유야무야** 넘기면 문제가 커질 수 있어요.

계급은 사라져도, 나는 아직 플레이어!

백의종군 白衣從軍

흰옷을[白][衣] 입고 군대를[軍] 따라간다[從]

백의종군은 '벼슬이나 직책 없이 평민의 신분으로 전쟁터에 나간다'는 뜻이에요.

말 그대로 '흰옷을 입고 군대를 따라간다'는 표현이지요. 여기서 흰옷은 관직이 없다는 상징이에요.

이 말은 보통 높은 자리에 있었던 사람이 좌절이나 실수를 겪은 뒤에도 포기하지 않고, 다시 처음부터 묵묵히 맡은 일을 해나갈 때 사용된답니다.

예를 들어 누군가 반에서 반장을 하다가 잠시 물러났지만, 여전히 학급 활동을 위해 뒤에서 돕는다면 바로 '백의종군'의 자세라고 할 수 있어요.

중요한 것은 겉모습이나 지위가 아니라, 마음가짐과 책임감이라는 뜻이지요.

이 사자성어는 우리에게 겸손함과 끈기의 중요성을 가르쳐 줘요.

상황이 뜻대로 되지 않아도 좌절하지 말고, 자신이 할 수 있는 일부터 다시 시작하는 용기! 그것이 바로 진짜 리더의 모습이랍니다.

사람은 자신이 어떤 자리에 있을 때보다,

그 자리를 내려놓았을 때의 태도로 평가된다.

– 노먼 빈센트 필 (Norman Vincent Peale)

지위를 내려놓은 뒤의 태도가 진짜 나를 보여준답니다.

겸손과 책임감은 언제나 멋진 사람의 기준이에요.

白	衣	從	軍
흰 백	옷 의	좇을 종	군사 군

이럴 때 이렇게 표현하기

→ 그는 직책이 없어도 팀을 위해 **백의종군**했어요.

→ 모두가 물러설 때, 그녀는 조용히 **백의종군**하며 돕고 있었어요.

→ 이름 없이도 최선을 다하는 모습이 바로 **백의종군**이랍니다.

없던 호랑이도 생기는 소문의 마법!

삼인성호 三人成虎

세[三] 사람이[人] 호랑이도[虎] 만든다[成]

삼인성호는 '세 사람이 호랑이가 나타났다고 하면, 없던 호랑이도 있다고 믿게 된다'는 뜻이에요. 말 그대로 거짓말도 여러 사람이 하면 참말처럼 여겨진다는 의미랍니다.

청소년 여러분에게 이 말은 정말 중요한 교훈을 준답니다.

친구들 사이에서 떠도는 소문이나 근거 없는 이야기를 그대로 믿어버리면, 사실이 왜곡되고 누군가가 상처를 받을 수도 있어요.

그래서 어떤 이야기를 들었을 때는, 그 말이 진짜인지 한 번 더 생각해보고 직접 확인해보는 태도가 필요해요.

특히 인터넷이나 SNS에 올라오는 정보들도 마찬가지예요. 많은 사람들이 말한다고 해서 꼭 진실은 아니랍니다. 중요한 건, 나만의 판단 기준과 바른 생각을 갖는 거예요.

'삼인성호'는 단순한 사자성어가 아니라, 우리가 소문에 휩쓸리지 않고 스스로 판단하며 살아가기 위해 꼭 기억해야 할 지혜예요.

허위 정보는 퍼지는 속도가 진짜 정보보다 훨씬 빠르다.

우리는 항상 비판적인 시각을 잃지 말아야 한다.

- 헨리 루스 (Henry Luce)

요즘은 거짓 정보가 진짜보다 더 빨리 퍼지는 시대예요.

어떤 말을 들었을 때, 바로 믿기보다 한 번 더 생각해보고 확인하는 태도가 중요해요.

三	人	成	虎
석 삼	사람 인	이룰 성	범 호

이럴 때 이렇게 표현하기

→ 친구들 모두가 그렇게 말했다고 해도, **삼인성호**일 수 있어요.

→ 사실 확인 없이 퍼진 소문이 **삼인성호**가 되었어요.

→ 확인도 안 하고 믿는 건 **삼인성호**에 빠진 거야.

처음엔 심심, 나중엔 심쿵!

점입가경 漸入佳境

점점[漸] 좋은[佳] 경지로[境] 들어가다[入]

34

점입가경은 '점점 더 재미있는 경지에 들어간다'는 뜻이에요. 어떤 일이 진행될수록 더 흥미롭고 좋아진다는 의미랍니다.

처음엔 별거 없어 보여도, 시간이 지나면서 점점 깊이가 생기고 즐거워지는 상황에서 자주 쓰여요.

예를 들어, 소설책을 읽다가 초반엔 지루했는데 중반 이후부터 흥미진진해졌을 때, "이야기가 점입가경이야!"라고 말할 수 있어요.

또 처음에는 어색했던 동아리 활동이 시간이 갈수록 재밌어질 때도 이 말을 사용할 수 있죠.

이 말은 우리에게 포기하지 말고 끝까지 경험해보라는 메시지를 전해줘요.

처음엔 잘 모르겠고 어려워 보여도, 인내하고 계속 나아가면 생각보다 더 좋은 순간이 우리를 기다리고 있다는 뜻이랍니다.

시간은 진실한 아름다움을 만들어 낸다.

좋은 것일수록 점점 더 그 가치를 드러낸다.

- 헨리 데이비드 소로 (Henry David Thoreau)

진짜 아름다움은 시간이 지나야 더 잘 보이기 시작해요.

좋은 것일수록 천천히, 조금씩 그 가치가 더 빛난답니다.

漸	入	佳	境
점점 점	들 입	아름다울 가	지경 경

이럴 때 이렇게 표현하기

→ 영화가 점점 **점입가경**이라서 끝까지 눈을 뗄 수 없었어요.

→ 공부하다 보면 처음엔 힘들지만, **점입가경**으로 점점 재미있어져요.

→ 친구들과의 대화가 **점입가경**이라 웃음이 끊이지 않았어요.

한마음이 모이면 못할 게 없다!

일심동체 一心同體

하나의[一] 마음과[心] 같은[同] 몸[體]

35

일심동체는 '마음과 몸이 하나가 되어 서로 긴밀하게 움직인다'는 뜻입니다. 쉽게 말해, 서로 다른 사람들이 같은 목표를 향해 마음을 모으고 협력할 때 쓰이는 말이에요.

청소년 여러분이 친구나 팀원과 함께 어려운 일을 할 때, 서로 믿고 도우며 한 마음이 되는 순간을 떠올리면 이해하기 쉽습니다.

이 말은 혼자서는 하기 힘든 일도 모두가 힘을 합치면 훨씬 잘할 수 있다는 중요한 가르침을 담고 있습니다.

학교 운동회나 학급 프로젝트처럼 모두가 하나 되어 노력할 때 '일심동체'가 된다고 말할 수 있어요. 마음이 따로 놀면 힘이 분산되지만, 마음이 하나로 뭉치면 큰 힘을 낼 수 있답니다.

'일심동체'는 서로를 믿고 협력하는 자세가 얼마나 중요한지 알려주는 아름다운 말입니다. 청소년 시기에 친구들과 마음을 모아 함께 성장하는 경험을 할 때 이 말을 떠올려 보길 바랍니다.

우리가 함께 하는 것은 시작에 불과하다.

함께 지속하는 것이 진짜 도전이며,

함께 성장하는 것이 최고의 보상이다

- 헨리 포드 (Henry Ford)

함께 시작하는 것은 쉽지만, 꾸준히 함께하는 것이 더 어려워요.

그래서 서로 도우며 함께 성장하는 과정이 가장 값진 경험이랍니다.

一	心	同	體
하나 일	마음 심	한가지 동	몸 체

이럴 때 이렇게 표현하기

→ 축구팀은 **일심동체**가 되어야 좋은 결과를 낼 수 있어요.

→ 친구들과 **일심동체**가 되어 어려움을 함께 극복했답니다.

→ 가족이 **일심동체**로 서로를 응원할 때 힘이 더 커집니다.

이심전심 以心傳心

마음[心]으로[以] 마음을[心] 전하다[傳]

이심전심은 '마음에서 마음으로 전한다'는 뜻이에요. 즉, 말이나 행동으로 표현하지 않아도 서로의 마음이 통하는 상황을 뜻합니다.

친구나 가족, 또는 함께 노력하는 팀원 사이에서 서로 깊은 이해와 신뢰가 쌓이면 자연스럽게 느껴지는 것이죠.

예를 들어, 눈빛만 봐도 무슨 생각인지 알 수 있거나, 말하지 않아도 상대방의 마음을 헤아릴 때 이 말을 사용할 수 있어요.

우리가 상대방의 마음을 잘 이해하고 배려할 때, 진정한 소통과 우정이 생긴다는 뜻이기도 합니다. 그래서 이심전심은 마음의 다리를 놓아 서로를 더욱 가깝게 만드는 멋진 방법이라 할 수 있습니다.

청소년 여러분도 주변 사람들과 마음으로 소통하는 연습을 해보면 좋겠습니다. 그렇게 하면 더 깊고 따뜻한 관계를 만들 수 있답니다.

가장 깊은 소통은 말로 이루어지지 않는다.

그것은 침묵 속에서, 눈빛과 존재로 전해진다.

- 마르틴 부버(Martin Buber)

말로 하지 않아도 진심은 눈빛이나 행동에서 전해질 수 있어요.

진짜 깊은 소통은 말을 넘어서 마음으로 느껴지는 거랍니다.

以	心	傳	心
써 이	마음 심	전할 전	마음 심

이럴 때 이렇게 표현하기

→ 친구와 눈이 마주친 순간, 말하지 않아도 **이심전심**으로 마음이 통했어요.

→ 엄마는 내가 말하지 않아도 무슨 일이 있었는지 **이심전심**으로 알아채셨어요.

→ 둘이서 같은 생각을 하고 있다는 걸, **이심전심**으로 느낄 수 있었어요.

학수고대 鶴首苦待

학처럼[鶴] 목을[首] 빼고 괴롭게[苦] 기다린다[待]

37

우리 모두 누군가를 손꼽아 기다려본 적 있지요. 오래 기다리는 시간이 길어질수록, 그 마음은 더 간절해지곤 해요.

바로 이런 상황을 표현하는 말이 '학수고대'랍니다. 학수고대는 '학처럼 목을 길게 빼고 몹시 기다린다'는 뜻이에요.

두루미(학)는 목이 길잖아요. 마치 그 학처럼 누군가나 무언가를 간절하게 기다리는 모습을 떠올리면 이해가 쉬워요.

예를 들어, 좋아하는 아이돌의 신곡 발매 일을 손꼽아 기다리거나, 방학을 기다리는 그 마음도 학수고대라고 할 수 있어요.

기대가 크고 소중할수록 기다림도 더 애틋하고 길게 느껴지죠.

하지만 학수고대는 단순한 기다림을 넘어서, 기다리는 동안 힘들고 애가 타는 심정까지 담고 있는 말이에요. 그만큼 우리 마음속 간절함을 잘 표현해 주는 말이랍니다.

기다림은 단지 시간을 보내는 것이 아니라,

마음속에 믿음을 키워가는 과정이다.

- 레오 톨스토이 (Leo Tolstoy)

기다림은 단순한 시간이 아니라, 마음속 믿음이 자라는 과정이에요.

원하는 것을 위해 인내하는 힘이 중요하답니다.

鶴	首	苦	待
학 학	머리 수	쓸 고	기다릴 대

이럴 때 이렇게 표현하기

→ 새 앨범이 나온다는 소식에 팬들은 **학수고대**하고 있어요.

→ 방학이 되기만을 **학수고대**했답니다.

→ 편지가 오기를 매일같이 **학수고대**했어요.

일희일비 一喜一悲

하나의 [一] 기쁨[喜], 하나의[一] 슬픔[悲]

38

살다 보면 우리는 하루에도 몇 번씩 기뻤다가 슬펐다가, 감정의 파도를 넘나들게 돼요. 이런 상태를 한자로는 '일희일비'라고 해요. 즉, '한 번은 기뻐하고, 한 번은 슬퍼한다'는 뜻으로, 작은 일에 지나치게 기뻐하거나 슬퍼하며 쉽게 흔들리는 모습을 표현할 때 쓰는 말이랍니다.

예를 들어 시험에서 좋은 점수를 받으면 날아갈 듯 기쁘다가, 하루 뒤 친구와 다툼이 생기면 세상이 무너진 것처럼 슬퍼하는 경우가 있어요. 이런 감정의 급격한 변화는 우리를 지치게 만들고, 때론 판단을 흐리게 하기도 해요.

그래서 우리는 너무 일희일비하지 않도록 마음을 단단히 다잡는 연습이 필요해요.

좋은 일이 있어도 차분하게 감사하고, 나쁜 일이 생겨도 침착하게 받아들이려는 태도가 중요하답니다.

꾸준히 나아가는 힘은 감정의 균형에서 시작돼요. 조금씩 자신의 감정을 살펴보며, 그 순간에 휘둘리기보다 전체를 바라볼 수 있다면, 더 건강한 마음으로 성장할 수 있어요.

하루의 기쁨과 슬픔에 너무 휘둘리지 마라.

깊은 강물은 표면이 출렁여도 그 속은 늘 잔잔하다.

– 마르쿠스 아우렐리우스(Marcus Aurelius)

기쁨과 슬픔에 매번 휘둘리면 마음이 금세 지쳐요.

겉은 흔들려도 속은 잔잔하게 지키는 연습이 중요해요.

一	喜	一	悲
한 일	기쁠 희	한 일	슬플 비

이럴 때 이렇게 표현하기

→ 시험 성적에 **일희일비**하지 말고, 꾸준히 실력을 쌓는 게 중요해.

→ 그 친구는 작은 일에도 **일희일비**하는 성격이라 감정 기복이 심해 보여.

→ 승패에 **일희일비**하지 않고 끝까지 최선을 다한 모습이 인상 깊었어.

마음이 뒤숭숭, 초조함 폭발!

노심초사 勞心焦思

마음을[心] 수고롭게[勞] 하고 생각을[思] 초조하게[焦] 한다

노심초사는 '마음을 쓰고 애를 태운다'는 뜻으로, 어떤 일을 너무 걱정해서 마음이 지치고 불안해지는 상태를 말한답니다.

예를 들어 중요한 시험을 앞두고 '혹시 실수하지 않을까' 하는 생각에 마음이 조마조마할 때, 우리는 노심초사한다고 말할 수 있어요.

이 말은 누군가를 진심으로 걱정할 때도 자주 쓰여요. 예를 들어 부모님은 자녀가 늦게까지 귀가하지 않으면 노심초사하시죠.

노심초사는 단순한 걱정을 넘어서, 누군가를 깊이 생각하고 책임감 있게 행동하려는 마음이 담겨 있는 말이랍니다.

청소년 시기에는 처음 겪는 일도 많고, 그만큼 마음을 쓰는 일도 많아요.

하지만 너무 노심초사하면 몸과 마음이 지치기 쉬워요. 진심 어린 걱정은 소중하지만, 때로는 내려놓는 용기도 필요하답니다.

우리가 통제할 수 없는 일에 대해 마음을 쓰는 것은

자신의 평화를 스스로 포기하는 것이다.

진정한 자유는 불필요한 걱정을 버릴 때 찾아온다.

- 에픽테토스 (Epictetus)

우리가 어쩔 수 없는 일 때문에 너무 걱정하면 마음이 점점 힘들어져요.

진짜 자유와 평화는 그런 쓸데없는 걱정을 놓아버릴 때 찾아온답니다.

勞	心	焦	思
일할 노(로)	마음 심	그스를 초	생각할 사

이럴 때 이렇게 표현하기

→ 중요한 시험을 앞두고 있어서 계속 **노심초사**하고 있어요.

→ 부모님은 내가 늦게 귀가하자 **노심초사**하셨다.

→ 친구가 아프다는 소식에 마음이 **노심초사**했다.

역지사지 易地思之

처지를[地] 바꾸어[易] 생각한다[思][之]

40

역지사지는 '자신의 입장과 상황을 바꾸어 생각한다'는 뜻의 사자성어입니다. 다른 사람의 입장에서 생각해 보라는 뜻이 담겨 있답니다.

우리 생활 속에서 누군가와 의견이 다르거나 갈등이 생길 때, 상대방의 마음을 이해하려고 노력하는 것이 바로 역지사지예요.

예를 들어 친구가 나에게 화를 냈을 때, 나도 화를 내기보다는 '왜 친구가 그렇게 느꼈을까?' 하고 생각해 보는 것이지요. 이렇게 하면 서로의 마음을 더 잘 알 수 있고, 오해도 줄어들게 됩니다.

청소년 시기에는 감정이 쉽게 상하기도 하지만, 역지사지를 실천하면 친구 관계도 더 깊어지고, 서로 존중하는 마음도 커집니다.

서로 다른 생각을 가진 사람들과도 좋은 관계를 유지할 수 있는 힘이 되어 줍니다. 그래서 역지사지는 모두가 더 행복하게 지내기 위한 지혜로운 방법이라고 할 수 있습니다.

사람을 이해한다는 것은 그 사람의 경험 세계 속에 들어가

그 세계를 그의 관점에서 바라보는 것이다.

- 칼 로저스 (Carl Rogers)

사람을 이해한다는 건, 그 사람의 입장에서 세상을 바라보는 거예요.

그렇게 해야 더 깊이 공감하고 진심으로 소통할 수 있게 된답니다.

易	地	思	之
바꿀 역	땅 지	생각할 사	갈 지

이럴 때 이렇게 표현하기

→ 친동생이 떼를 쓸 때 짜증났지만, **역지사지**로 보면 이해가 조금 됐어요.

→ **역지사지**의 마음으로 부모님의 입장을 이해하려고 노력했어요.

→ 서로 다툴 땐, 잠시 멈추고 **역지사지**로 생각해 보면 답이 보여요.

마음 온도 36.5도 유지법

다정다감 多情多感

정이[情] 많고[多] 느낌이[感] 많다[多]

41

우리는 때때로 누군가의 작은 말 한마디나 표정에 마음이 움직일 때가 있어요.

그런 감정에 민감하게 반응하고, 다른 사람에게 따뜻한 말과 행동을 자주 건네는 사람을 '다정다감한 사람'이라고 해요.

이 말은 '정이 많고 감정이 풍부하다'는 뜻으로, 타인의 기쁨과 슬픔을 잘 공감해주는 사람을 말한답니다.

친구가 힘들어할 때 먼저 다가가 말을 걸어주거나, 누군가가 웃으면 같이 웃어주는 사람, 이런 모습이 바로 다정다감한 태도예요.

요즘은 감정을 숨기는 게 멋이라고 생각하는 경우도 있지만, 오히려 진심 어린 따뜻함은 사람 사이를 더욱 깊게 만들어 준답니다.

그래서 다정다감한 마음은 친구를 이해하고, 좋은 관계를 만들어 가는 데 꼭 필요한 마음이에요. 우리도 누군가에게 그런 따뜻한 사람이 되어보면 어떨까요?

다정함은 약함이 아니다.

그것은 가장 섬세한 형태의 강함이다.

- 제임스 M. 배리 (J.M. Barrie)

다정하다는 건 단순히 부드럽고 약하다는 뜻이 아니에요.

오히려 남의 마음을 헤아릴 수 있는 사람만이 진짜 강한 사람이에요.

多	情	多	感
많을 다	뜻 정	많을 다	느낄 감

이럴 때 이렇게 표현하기

→ 그녀는 **다정다감**한 성격이라 친구들의 고민을 잘 들어줘요.

→ **다정다감**한 말 한마디가 친구의 마음을 따뜻하게 만들었어요.

→ 그는 겉으로는 무뚝뚝하지만 속은 **다정다감**한 사람이에요.

그 마음, 감히 품어도 될까요?

언감생심 焉敢生心

어찌[焉] 감히[敢] 마음을[心] 품을[生] 수 있으랴

42

언감생심이란, '감히 그런 마음을 먹을 수조차 없다'는 뜻이에요. '어찌 감히 그런 마음이 생기겠느냐'는 말에서 유래했답니다.

이 표현은 자신이 어떤 것을 바란다는 것이 너무 염치없고 분수에 어긋난다고 느낄 때, 스스로를 낮추는 겸손의 말로 자주 사용돼요.

예를 들어 친구가 "너도 전교 1등 해볼 생각 있어?"라고 묻는다면, 공부에 자신 없는 학생은 이렇게 대답할 수 있어요. "언감생심이지, 나는 아직 갈 길이 멀어."

이 말 속에는 자기 위치를 돌아보는 솔직함과, 아직 부족하지만 노력하겠다는 겸허함이 담겨 있답니다.

청소년 시기는 욕심도 많고 비교도 많은 시기예요.

하지만 이럴 때일수록 '언감생심'이라는 말처럼 자신의 마음을 돌아보고, 아직 준비가 안 된 일이라면 욕심을 내려놓는 용기도 필요하답니다. 겸손함 속에 지혜가 있다는 사실을 기억해 보세요.

높은 곳에 오르기 위해선

먼저 낮은 곳에 머무는 법을 배워야 한다.

- 공자 (孔子)

높은 꿈을 이루려면 먼저 낮은 자리에서 차근차근 배우는 겸손이 필요해요.

빨리 오르려 하기보다 기초를 다지는 게 더 멀리 가는 길이에요.

焉	敢	生	心
어찌 언	감히 감	날 생	마음 심

이럴 때 이렇게 표현하기

→ 그 자리는 내가 넘볼 수 있는 자리가 아니야, **언감생심**이지.

→ 네 옆에 앉을 생각이라니, **언감생심**이었지.

→ 그런 상을 내가 받을 줄은 **언감생심**도 몰랐어.

인면수심 人面獸心

사람의[人] 얼굴을[面] 하고, 마음은[心] 짐승과[獸] 같다

43

겉모습은 사람인데 마음은 짐승 같다는 뜻의 사자성어, '인면수심'이에요. 이 표현은 사람답지 못한 행동, 즉 도덕과 양심을 저버린 행동을 비판할 때 사용돼요.

겉으로는 말도 잘하고 친절해 보이지만, 뒤로는 남을 해치거나 이기적인 행동을 하는 사람에게 쓰이는 말이에요.

예를 들어 친구를 겉으로는 돕는 척하면서 뒤에서 험담을 하거나 괴롭히는 사람을 보면, "인면수심이 따로 없네."라고 말할 수 있어요.

이 사자성어는 겉과 속이 너무 다를 때, 그 모습이 짐승보다 더 비열하다고 느껴질 정도일 때 쓰인답니다.

청소년 시기에 우리는 진짜 '사람다운 사람'이 무엇인지 고민하게 돼요. 단지 말만 좋게 하는 게 아니라, 행동으로도 배려와 진심을 보여주는 게 중요하죠.

'인면수심'이라는 말이 괜히 무섭게 느껴지는 건, 우리가 정말 '사람다운 마음'을 갖고 살아가야 한다는 경고처럼 들리기 때문일 거예요.

겉으로는 천사처럼 보여도,

마음속에는 악마가 숨겨져 있을 수 있다.

사람은 외모가 아니라 내면의 진실로 평가받아야 한다.

- 윌리엄 셰익스피어(William Shakespeare)

누군가는 천사처럼 보이지만 마음속엔 상처와 어둠이 있을 수 있고,

겉으로 무뚝뚝해 보여도 속은 따뜻한 사람도 있어요.

중요한 건 외모가 아니라, 마음의 진심이랍니다.

人	面	獸	心
사람 인	낯 면	짐승 수	마음 심

이럴 때 이렇게 표현하기

→ 겉으로는 착한 척하지만, 뒤에서는 사람들 험담하는 건 **인면수심**이야.

→ 친구를 배신하고 이익만 챙기는 모습이 정말 **인면수심** 같아.

→ 그는 사람 얼굴을 했지만, 마음은 짐승 같아 **인면수심**이라고 불러도 돼.

달콤한 건 좋아하고, 씁쓸한 건 싫다고?

감탄고토 甘呑苦吐

달면[甘] 삼키고[呑] 쓰면[苦] 뱉는다[吐]

44

감탄고토는 '달콤한 것은 받아들이고, 쓰고 어려운 것은 내뱉는다'는 뜻이에요. 쉽게 말해, 좋은 것만 취하고 싫은 것은 피하려는 마음을 나타내는 말입니다.

이 사자성어는 자신의 이익이나 편한 것만 챙기고 어려움이나 힘든 일은 피하려 할 때 쓰여요.

예를 들어 시험 공부를 할 때 재미있는 부분만 집중하고 어려운 문제는 피하는 모습, 또는 친구가 좋은 말만 듣고 비판은 듣지 않으려 할 때 "감탄고토 하지 말고 모든 것을 받아들여야 성장할 수 있어"라고 말할 수 있답니다.

청소년 시기는 도전과 성장이 필요한 시기예요. 달콤한 것만 찾으려 하지 말고, 때로는 힘들고 어려운 것도 참고 견디는 용기가 필요하답니다.

감탄고토의 마음을 버리고, 고통도 감내할 줄 아는 사람이 더 단단하게 자랄 수 있어요. 그래서 이 말은 우리에게 진정한 성장과 성숙을 위해 고난도 받아들여야 한다는 교훈을 전해줍니다.

성공한 사람은 달콤한 결과만 맛본 사람이 아니라,

쓰고 힘든 과정을 참고 견딘 사람이다.

- 헬렌 켈러 (Helen Keller)

성공한 사람은 쉽고 달콤한 순간만 즐긴 사람이 아니에요.

힘들고 어려운 과정도 참고 견딜 줄 아는 사람이 진짜 이겨내는 사람이랍니다.

甘	呑	苦	吐
달 감	삼킬 탄	쓸 고	토할 토

이럴 때 이렇게 표현하기

→ 맛있는 것만 먹고 싫은 건 안 먹으려 하는 건 **감탄고토**예요.

→ 좋은 말만 듣고 나쁜 말은 듣지 않으려 하는 태도가 **감탄고토**입니다.

→ 시험 공부할 때 쉬운 문제만 풀고 어려운 문제는 피하는 건 **감탄고토**죠.

계란유골 鷄卵有骨

달걀에도[鷄][卵] 뼈가[骨] 있다[有]

45

계란유골이란 말은 글자 그대로 하면 '달걀에도 뼈가 있다'는 뜻이에요. 원래 달걀엔 뼈가 없지만, 재수가 없으면 그 안에서도 뼈가 나올 수 있다는 말에서 유래했답니다.

다시 말해, 별일 아닐 것 같은 상황에서도 뜻밖의 불운이 찾아올 수 있다는 걸 비유적으로 표현한 말이에요.

이 사자성어는 특히 무언가 잘될 것 같았는데도 예상치 못한 방해나 불운으로 일이 틀어졌을 때 써요.

예를 들어, 친구와 함께 조별 과제를 열심히 준비했는데 갑자기 정전이 되어 발표를 못 한 경우, "정말 계란유골이었어"라고 말할 수 있어요.

살다 보면 누구에게나 이런 '계란유골' 같은 일이 일어나요. 하지만 그럴 때 낙담만 하지 말고, "이런 날도 있지" 하며 다시 도전하는 자세가 중요하답니다.

인생은 언제나 뜻대로만 흘러가진 않지만, 그 안에서 배움을 찾는 사람이 결국 성장하는 사람이에요.

우리의 계획이 틀어졌다고 해서 인생 전체가 잘못된 것은 아니다.

한 번의 불운이 모든 걸 정의하지는 않는다.

- 엘리자베스 길버트 (Elizabeth Gilbert)

계획이 틀어졌다고 너무 걱정하지 마세요.

한 번의 실수나 불운이 여러분의 모든 미래를 결정짓는 건 아니랍니다.

鷄	卵	有	骨
닭 계	알 란(난)	있을 유	뼈 골

이럴 때 이렇게 표현하기

→ 시험 잘 본 줄 알았는데 떨어졌어. **계란유골**이야.

→ 새 옷 입었는데 국물 튀었어, **계란유골**이다 진짜.

→ 발표 준비했는데 마이크가 고장 났어. 이게 바로 **계란유골**이지.

내가 시작했으니, 내가 끝낸다!

결자해지 結者解之

일을 맺은[結] 자가[者] 풀어야[解] 한다[之]

46

　결자해지란 말을 들어본 적 있나요? "맺은 사람이 풀어야 한다"는 뜻이에요. 누군가가 문제를 만들었다면, 그 문제도 그 사람이 풀어야 한다는 의미랍니다.

　단순한 말 같지만, 우리 삶에 꼭 필요한 책임감의 교훈을 담고 있어요.

　우리는 때때로 감정에 휘둘려 친구와 다투거나, 실수로 누군가에게 상처를 주기도 해요. 시간이 지나면 잊힐 거라 생각할 수도 있지만, 그 상황을 만든 사람이 먼저 다가가서 사과하고 풀어야 진짜 마무리가 되는 법이에요.

　결자해지는 우리에게 말해줘요. "문제를 만들었으면 피하지 말고 책임지고 해결해라"고요. 누군가를 울게 했다면 먼저 다가가 진심을 전해보세요.

　용기는 부끄러운 일이 아니라, 마음을 따뜻하게 해주는 힘이랍니다.

　지금 당신 마음속에도 풀지 못한 매듭이 있나요? 그렇다면 오늘이 그 매듭을 푸는 날이 될 수 있어요. 결자해지, 그 첫 걸음을 내딛는 용기를 내보세요.

책임을 회피하는 사람은 성장을 멈추고,

스스로 문제를 해결하려는 사람이 진정한 어른으로 나아간다.

- 존 맥스웰 (John C. Maxwell)

책임을 피하면 성장도 멈추게 돼요.

문제를 스스로 해결하려는 용기가 진짜 어른이 되는 길입니다.

結	者	解	之
맺을 결	놈 자	풀 해	갈 지

이럴 때 이렇게 표현하기

→ 문제를 만들었으면 피하지 말고 직접 해결해 봐, 그게 **결자해지**야.

→ 잘못한 건 네가 먼저 인정하고 푸는 게 **결자해지**란 걸 기억해.

→ 다툰 상대에게 먼저 손 내미는 것도 **결자해지**의 한 방법이야.

아전인수 我田引水

내[我] 밭에[田] 물을[水] 끌어[引] [들인다]

47

아전인수라는 말을 들어본 적 있나요? 이 사자성어는 '내 논에 내 물을 끌어넣는다'는 뜻이에요.

쉽게 말하면, 자기에게만 이롭게 생각하거나 행동하는 것을 의미합니다. 어떤 일이든 내 편한 대로 해석하거나 자기에게만 좋은 쪽으로 끌어가려는 태도를 말한답니다.

청소년 여러분도 친구들과 의견이 다를 때, 자신만 옳다고 고집할 때가 있을 거예요.

그럴 때 '아전인수'처럼 생각하면 갈등이 생기고 관계가 어려워질 수 있어요. 공정하고 객관적으로 바라보는 태도가 중요하답니다.

'아전인수'는 상대방 입장을 생각하지 않고, 내 생각만 고집할 때 쓴다고 보면 돼요. 서로를 이해하고 배려하는 마음이 성장하는 데 큰 도움이 된답니다.

그래서 우리는 '아전인수'가 아닌, 함께 생각하고 존중하는 사람이 되어야 해요.

누군가를 이해하지 않고 자신의 입장만을 고집하면,

소통은 멀어지고 갈등만 깊어진다.

타인을 배려하는 마음이 성숙한 인간관계의 출발점이다.

- 마샬 로젠버그 (Marshall Rosenberg)

자신의 생각만 고집하면 친구와 멀어질 수 있어요.

서로를 이해하고 배려하는 마음이 좋은 관계를 만드는 시작입니다.

我	田	引	水
나 아	밭 전	당길 인	물 수

이럴 때 이렇게 표현하기

→ 친구가 불리한 상황인데도 자기 생각만 내세우는 건 **아전인수**예요.

→ 시험 점수가 낮은데도 자기만 잘했다고 하는 건 **아전인수** 같아요.

→ 의견 충돌 때 자기 편한 대로만 해석하는 게 바로 **아전인수**입니다.

우이독경 牛耳讀經

소귀에[牛][耳] 경[經] 읽기[讀]

우이독경이라는 사자성어는 '소 귀에 경전을 읽는다'는 뜻이에요.

아무리 좋은 말씀이나 중요한 이야기를 해도 상대방이 그것을 알아듣지 못하거나 관심을 기울이지 않는 상황을 비유한 표현입니다.

소는 아무리 성경이나 경전을 읽어도 이해할 수 없기에, 말을 해도 소용없다는 뜻이랍니다.

청소년 여러분도 가끔 부모님이나 선생님께서 좋은 조언을 해주실 때, 그 말을 제대로 듣지 않고 지나칠 때가 있지 않나요? 바로 그런 상황에 '우이독경'이라는 말을 쓸 수 있어요.

이 말은 상대방이 말을 잘 듣지 않거나 이해하지 못할 때 조심스럽게 생각해 보게 하는 경고 같은 역할을 한답니다.

우리는 누군가의 말을 들을 때 항상 마음을 열고, 진심으로 이해하려는 노력이 필요해요. 그래야만 진짜 배움과 성장도 이루어진답니다.

'우이독경'은 결국 우리에게 소중한 조언을 잘 듣고 받아들이라는 교훈을 담고 있어요.

말을 하는 사람의 뜻을 이해하려면

귀뿐 아니라 마음도 열어야 한다.

듣지 않는 귀에 아무리 좋은 말도 무용지물이다.

- 공자 (孔子)

좋은 말을 듣기 위해서는 귀뿐만 아니라 마음도 열어야 해요.

마음이 닫혀 있으면 아무리 좋은 조언도 소용이 없답니다.

牛	耳	讀	經
소 우	귀 이	읽을 독	지날 경

이럴 때 이렇게 표현하기

→ 선생님 말씀을 아무리 해도 듣지 않는 건 **우이독경**이에요.

→ 좋은 조언을 해도 친구가 관심 없으면 **우이독경** 같아요.

→ 중요한 이야기를 해도 상대가 전혀 반응하지 않으면 **우이독경**입니다.

뒤늦은 후회? 그래도 늦지 않았어!

망우보뢰 亡牛補牢

소[牛] 잃고[亡] 외양간[牢] 고친다[補]

49

망우보뢰는 '소를 잃고 나서야 외양간을 고친다'는 뜻이에요. 일이 잘 못된 뒤에야 부랴부랴 대책을 세우는 모습을 말하죠.

처음엔 이미 늦은 것처럼 보이지만, 그래도 그때라도 고치면 더 큰 손해는 막을 수 있답니다.

우리도 종종 실수한 후에 "이럴 줄 알았으면 미리 조심할 걸…" 하고 후회할 때가 있어요. 시험을 망치고 나서야 공부의 중요성을 느끼거나, 친구와 다투고 나서야 말을 더 조심했어야 한다는 걸 깨닫는 경우처럼 요.

망우보뢰는 단순히 늦었다는 후회를 넘어, 실패 속에서 배우고 다시 준비하라는 메시지를 줘요. 중요한 건 잘못을 인정하고 고치려는 용기랍니다.

아무것도 하지 않으면 똑같은 실수가 반복되기 쉬워요.

그러니 늦었다고 포기하지 말고, 지금이라도 외양간을 고쳐보는 용기를 내 보세요. 실수에서 배운 사람은 더 단단해질 수 있거든요.

106

예방은 치료보다 낫다.

그러나 실수 후의 성찰은 그보다 더 큰 성장이다.

- 프랭클린 D. 루스벨트 (Franklin D. Roosevelt)

실수 후에 반성하고 배우는 자세가 더 큰 성장을 만든답니다.

실패를 두려워하기보다, 그 안에서 배움을 찾는 태도가 진짜 실력이지요.

亡	牛	補	牢
잃을 망	소 우	기울 보	우리 뢰

이럴 때 이렇게 표현하기

→ 휴대폰을 잃어버리고 나서 위치 추적 앱을 깔았으니, **망우보뢰**였다.

→ 감기에 걸리고 나서야 옷을 따뜻하게 입기 시작했으니, **망우보뢰**지.

→ 친구와 멀어진 뒤에야 소중함을 깨달았으니, 완전 **망우보뢰**였어.

바람아, 내 불빛을 꺼뜨릴 순 없어!

풍전등화 風前燈火

바람[風] 앞의[前] 등불[燈][火]

50

　풍전등화란 '바람 앞의 등불'이라는 뜻이에요. 말 그대로 바람 앞에 놓인 촛불처럼, 금방이라도 꺼질 것 같은 위태롭고 불안한 상황을 말할 때 쓰는 말이랍니다.

　우리가 살아가다 보면 마음이 불안하고 상황이 언제 무너질지 모르는 순간들이 있어요.
　예를 들면, 시험을 앞두고 준비가 부족하거나, 친구와의 관계가 금방이라도 끊어질 것처럼 위태롭다고 느낄 때, 풍전등화라는 말이 잘 어울려요.

　하지만 등불은 바람 앞에서도 끝까지 버텨보려 하듯, 우리도 어려운 순간에 쉽게 포기하지 않아야 해요.
　오히려 그 불안함 속에서 나를 더 단단하게 만들 수 있답니다. 인생의 불빛이 흔들릴 때, 그 빛을 지키려는 용기가 더 중요해요.
　풍전등화는 위기의 상황을 나타내지만, 동시에 우리가 더욱 깨어있고 준비해야 함을 알려주는 말이에요.

가장 약한 빛조차 어둠을 뚫고 나아간다.

위기는 우리를 무너뜨리는 것이 아니라, 더 강하게 만드는 기회다.

– 헬렌 켈러 (Helen Keller)

아주 작은 빛도 어두운 곳을 밝히듯. 힘든 일도 우리를 더 강하게 만들어 줘요.

어려움은 포기하지 않고 다시 도전할 용기를 키우는 기회랍니다.

風	前	燈	火
바람 풍	앞 전	등불 등	불 화

이럴 때 이렇게 표현하기

→ 중요한 시험을 앞두고 마음이 **풍전등화**처럼 흔들렸어요.

→ 친구와의 관계가 위태로워져서 **풍전등화** 같은 느낌이 들었어요.

→ 코로나 때문에 우리의 일상이 **풍전등화** 상태가 되었지만, 힘내야 해요.

동가홍상 同價紅裳

같은[同] 값이면[價] 다홍치마[紅][裳]

동가홍상은 '같은 값이면 붉은 치마'라는 뜻입니다. 쉽게 말해, 같은 가격이라면 더 예쁘고 좋은 것을 선택한다는 의미예요.

이 사자성어는 우리가 선택할 때 더 나은 것, 더 마음에 드는 것을 자연스럽게 고르게 된다는 것을 말합니다.

예를 들어, 학교에서 같은 가격의 물건이 두 개 있을 때, 더 멋지고 예쁜 물건을 고르는 마음이 바로 '동가홍상'의 뜻이랍니다.

이 표현은 청소년들이 자신에게 중요한 선택을 할 때 참고할 수 있어요.

하지만 '더 좋은 것만' 고르는 것에만 집중하지 않고, 진짜 가치와 의미를 생각하는 것도 중요하답니다. 때로는 겉모습이 아니라 내면이나 기능을 더 살펴보는 지혜가 필요해요.

그러니 무엇을 고를 때는 단순히 겉모습만 보지 말고, 깊이 생각하는 습관을 가져야 해요. 이렇게 하면 더 현명한 결정을 할 수 있답니다.

당장의 유혹에 끌리지 말고, 더 오래 가는 가치를 택하라.

눈에 띄는 것보다 마음에 남는 것이 더 중요하다.

- 브라이언 트레이시 (Brian Tracy)

겉으로 반짝이는 유혹보다, 오래 남는 가치를 선택하는 게 더 중요해요.
진짜 의미 있는 건 마음에 남는 선택이랍니다.

同	價	紅	裳
한가지 동	값 가	붉을 홍	치마 상

이럴 때 이렇게 표현하기

→ 같은 값이면 더 멋진 디자인의 운동화를 고르는 건 **동가홍상**이에요.

→ 간식 살 때 포장까지 예쁜 걸 고른다면, 그게 바로 **동가홍상**이죠.

→ 두 공책 가격이 같다면 표지가 예쁜 걸 고르고 싶은 마음, **동가홍상**이에요.

아비규환 阿鼻叫喚

아비지옥에서[阿][鼻] 외치고[喚] 부르짖다[叫]

52

아비규환은 매우 심한 고통과 혼란 속에서 사람들이 크게 비명을 지르고 울부짖는 상황을 뜻하는 사자성어입니다.

이 말은 불교에서 가장 고통스러운 지옥을 가리키는 '아비지옥'과 '비명을 지른다'는 뜻이 합쳐져 만들어졌어요. 그래서 아비규환은 재난이나 전쟁, 큰 사고처럼 온통 고통과 절망이 가득한 상황을 표현할 때 사용합니다.

예를 들어, 자연재해가 일어나서 많은 사람이 다치고 위험에 처했을 때 "현장은 아비규환이었다"고 말할 수 있답니다.

청소년 여러분도 힘들고 혼란스러운 상황을 겪을 때 이 표현을 떠올리면 그 심각함을 잘 이해할 수 있을 거예요.

결국 아비규환은 우리에게 고통과 절망의 심각함을 보여주고, 그런 상황을 막기 위해 노력해야 한다는 교훈을 전해줍니다. 그래서 우리는 평화롭고 안전한 삶의 소중함을 항상 기억해야 합니다.

재난과 혼란 속에서 진정한 인간의 모습이 드러난다.

고통은 우리를 무너뜨리는 것이 아니라,

더욱 단단하게 만드는 밑거름이다.

– 넬슨 만델라 (Nelson Mandela)

재난과 혼란이 닥치면 우리 진짜 모습이 드러난답니다.

고통은 우리를 무너뜨리는 게 아니라, 오히려 더 강해지게 만드는 힘이 되어 줘요.

阿	鼻	叫	喚
언덕 아	코 비	부르짖을 규	부를 환

이럴 때 이렇게 표현하기

→ 지진으로 마을이 무너지고 사람들은 **아비규환** 속에서 구조를 기다렸다.

→ 전쟁터는 **아비규환** 그 자체였고, 모두가 두려움에 떨었다.

→ 큰 사고 현장은 **아비규환**처럼 시끄럽고 혼란스러웠다.

아이디어만 좋으면 뭐해, 실행이 문제지!

묘두현령 猫頭懸鈴

고양이[猫] 목에[頭] 방울[鈴] 달기[懸]

53

묘두현령은 '고양이 머리에 방울을 다는 것'이라는 뜻이에요.

고양이 머리에 방울을 달면 경고음이 나서 고양이가 조심하게 되겠지만, 실제로는 고양이가 방울을 달기 어려워 아무 소용이 없다는 뜻입니다.

이 사자성어는 좋은 계획이나 방법이라도 실천이 어렵거나 무의미할 때 쓰입니다.

청소년 여러분도 어떤 일이든 아이디어만 좋다고 해서 다 잘 되는 것은 아니에요. 실행이 뒷받침되지 않으면 아무 소용이 없답니다.

묘두현령은 '실천 없는 계획은 소용없다'는 교훈을 전해 줍니다.

그러니 어떤 목표를 세우더라도 반드시 행동으로 옮기고 꾸준히 노력하는 습관을 가지는 것이 중요합니다.

좋은 생각을 행동으로 바꾸는 힘을 키우는 여러분이 되길 바랍니다.

아이디어는 아무리 훌륭해도 행동이 없으면 허상에 불과하다.

행동으로 옮길 때 비로소 가치가 생긴다.

– 피터 드러커 (Peter Drucker)

아무리 좋은 아이디어라도 행동하지 않으면 의미가 없어요.

진짜 가치는 생각을 실행에 옮길 때 생긴답니다.

猫	頭	懸	鈴
고양이 묘	머리 두	매달 현	방울 령

이럴 때 이렇게 표현하기

→ 좋은 계획만 세우고 행동하지 않으니, **묘두현령**처럼 아무 소용이 없었어요.

→ 아이디어가 많아도 실천하지 않으면 **묘두현령**에 지나지 않아요.

→ **묘두현령**처럼 말뿐인 약속은 신뢰를 잃게 만듭니다.

고래 싸움에 새우 등 터진다? 조심 또 조심!

경전하사 鯨戰蝦死

고래의[鯨] 싸움에[戰] 새우가[蝦] 죽는다[死]

54

경전하사는 '고래가 싸우면 새우가 죽는다'는 뜻이에요.

이 사자성어는 힘이 센 두 사람이 다투면, 그 사이에 있는 약한 사람이 피해를 입는 상황을 말한답니다.

청소년 여러분도 친구나 주변 사람들 사이에서 갈등이 생길 때, 그 싸움이 나와 상관없어 보여도 결국 내가 피해를 볼 수 있다는 점을 기억해야 해요.

갈등이 커질수록 약한 사람이 고통을 겪는 일이 많아지니, 나부터 다툼을 부추기거나 방관하지 말고 평화롭게 해결하는 노력이 중요하답니다.

또한, 이 표현은 학교나 가정, 친구 관계에서 서로 힘을 겨루는 상황을 돌아보게 만들어요. 서로의 입장을 이해하고 조화를 이루려는 마음이 필요하다는 것을 알려주는 말이에요.

그래서 경전하사는 우리에게 다툼의 피해자가 될 수 있는 약자의 입장을 생각하게 하는 지혜로운 표현이랍니다.

강자의 싸움은 소리 크지만,

그 잔해는 약자의 삶 위에 떨어진다.

- 클라이브 루이스(C. S. Lewis)

강한 이들의 다툼은 결국 약자에게 상처를 남겨요.

그래서 우리는 언제나 약자의 입장에서 생각하려는 마음이 필요해요.

鯨	戰	蝦	死
고래 경	싸움 전	새우 하	죽을 사

이럴 때 이렇게 표현하기

→ 어른들 싸움에 휘말려 학생들만 피해를 봤으니, 이건 완전 **경전하사**예요.

→ 정치 싸움 때문에 교육 예산이 줄어들어서 장학금도 못 받게 되었어요.
경전하사가 따로 없네요.

좌불안석 坐不安席

앉아도[坐] 자리가[席] 편안하지[安] 않다[不]

55

누군가의 소식을 기다릴 때, 시험 결과를 확인하기 전날 밤, 혹은 중요한 발표를 앞둔 순간처럼 마음이 불안하고 조마조마해서 가만히 앉아 있지 못하는 때가 있어요.

이런 상황을 표현하는 사자성어가 바로 '좌불안석'입니다. 글자 그대로 해석하면 '앉아 있어도 자리가 편하지 않다'는 뜻이지요.

이 표현은 주로 긴장되거나 걱정이 많을 때 사용돼요.

예를 들어 친구와 다툰 뒤 사과할 기회를 기다리며 마음이 불편할 때, 중요한 경기를 앞두고 결과가 걱정되어 초조할 때 쓸 수 있지요.

중요한 것은 그런 순간이 지나고 나면 우리는 한층 더 성장하게 된다는 거예요. 불안한 마음도 삶의 일부이고, 그것을 견뎌내는 힘이 나를 단단하게 만들어 줍니다.

그러니 좌불안석의 순간이 오더라도 너무 두려워하지 마세요. 그것은 곧 변화와 성장을 향한 문 앞에 있다는 신호일지도 몰라요.

사람은 어떤 결정을 내리기 전까지는

늘 불안과 걱정 속에서 살게 된다.

- 파울로 코엘료 (Paulo Coelho)

결정을 내리기 전에는 마음이 불안하고 걱정이 많아지기 마련이에요.

하지만 용기 내어 한 걸음 내딛으면 그 불안도 조금씩 사라질 수 있습니다.

坐	不	安	席
앉을 좌	아니 불	편안할 안	자리 석

이럴 때 이렇게 표현하기

→ 시험 결과가 발표되기 전날, 나는 **좌불안석**이었다.

→ 친구와 싸운 후 사과할 기회를 기다리며 마음이 **좌불안석**했다.

→ 중요한 발표를 앞두고 불안해서 하루 종일 **좌불안석**했다.

119

호랑이처럼 눈 크게 뜨고 찬스 노리기!

호시탐탐 虎視眈眈

호랑이가[虎] 노려보듯이[眈] 응시한다[視]

호시탐탐이라는 사자성어는 '호랑이가 날카로운 눈으로 기회를 엿본다'는 뜻입니다.

즉, 어떤 좋은 기회나 목표를 놓치지 않기 위해 조용히 주시하며 찬스를 노리는 모습을 말해요.

이 말은 주로 누군가가 목표를 향해 끈기 있게 준비하고, 때가 오기를 조심스럽게 기다릴 때 사용할 수 있답니다.

예를 들어, 운동 경기에서 상대의 실수를 기다리는 선수나, 시험에서 좋은 점수를 얻기 위해 집중하는 학생의 모습에 잘 어울려요.

호시탐탐은 단순히 기다리는 것이 아니라, 기회를 잡기 위해 항상 준비된 상태를 의미합니다. 그래서 이 사자성어는 인내와 집중, 그리고 날카로운 관찰력을 함께 떠올리게 한답니다. 우리도 호시탐탐의 자세를 배워, 원하는 목표를 향해 꾸준히 노력하며 좋은 기회를 놓치지 않도록 해야 할 것입니다.

승리는 결코 우연히 찾아오지 않는다.

늘 집중하고 준비하며 기회를 노리는 자에게만 그 문이 열린다.

- 나폴레옹 보나파르트 (Napoleon Bonaparte)

승리는 그냥 오는 게 아니에요.

항상 집중하고 준비하며 기회를 기다리는 사람이 성공할 수 있답니다.

虎	視	眈	眈
범 호	볼 시	노려볼 탐	노려볼 탐

이럴 때 이렇게 표현하기

→ 그는 시험에서 좋은 점수를 받기 위해 **호시탐탐** 공부 시간을 노렸다.

→ 축구 선수는 상대팀의 실수를 **호시탐탐** 기다렸다.

→ 친구가 잘못할 때를 **호시탐탐** 지켜보는 모습이 보였다.

121

닭처럼 일찍, 개처럼 영리하게!

계명구도 鷄鳴狗盜

닭[鷄]처럼 울고[鳴] 개처럼[狗] 훔친다[盜]

57

계명구도라는 말은 '닭이 우는 시간에 일어나고, 개처럼 도둑질하는 재주'라는 뜻입니다.

여기서 닭이 우는 시간은 새벽을 의미하고, 도둑질은 작은 기술이나 꾀를 뜻해요.

쉽게 말해, 큰 힘이나 재능 없이도 작은 지혜와 기지를 발휘해 어려움을 극복하는 것을 가리킵니다.

이 말은 때로는 특별한 재능이 없더라도, 꾸준한 노력과 영리함으로 원하는 목표를 이룰 수 있다는 희망을 줍니다.

예를 들어, 공부를 잘하지 못하는 친구가 남다른 방법으로 시험을 준비해 좋은 결과를 얻었을 때 쓸 수 있어요.

계명구도는 자신만의 작은 재능이나 방법을 잘 활용하는 지혜를 칭찬하는 표현입니다.

우리도 이처럼 자신에게 맞는 방법을 찾아 꾸준히 노력한다면 어떤 어려움도 극복할 수 있답니다.

122

재능은 때로 중요하지만, 끈기와 창의력 없이 이룰 수 있는 것은 없다.

기지를 발휘해 어려움을 헤쳐 나가는 사람이 결국 길을 찾는다.

- 토머스 에디슨 (Thomas Edison)

재능만으로는 부족할 때가 많아요.

포기하지 않고 꾸준히 노력하며, 창의적인 방법을 찾아내는 사람이 결국 성공하게 된답니다.

鷄	鳴	狗	盜
닭 계	울 명	개 구	도둑 도

이럴 때 이렇게 표현하기

→ 그는 **계명구도**의 재주로 위기를 넘겼다.

→ 아무도 주목하지 않았던 아이디어가 **계명구도**처럼 빛났다.

→ 친구는 공부보다 실전에 강한 **계명구도**형 인재예요.

싸움 끝엔 진흙만 남는다!

이전투구 泥田鬪狗

진흙[泥] 밭에서[田] 싸우는[鬪] 개[狗]

'이전투구'라는 말이 있어요. 글자 그대로 풀면 '진흙 밭에서 싸우는 개'라는 뜻이에요.

이 말은 서로 체면도 잊고, 물불 가리지 않고 치열하게 다투는 모습을 표현할 때 쓰는 사자성어랍니다.

누가 옳고 그른지를 따지기보다는 감정이 앞서 서로 상처만 남기는 싸움일 때 이 표현을 사용해요.

우리는 친구들과의 갈등 속에서 감정을 참지 못하고 말다툼을 할 때가 있어요. 처음에는 단순한 오해였을 수도 있지만, 서로 지지 않으려고 하다 보면 상황은 더 나빠지고 말아요. 그럴 때 바로 이전투구의 모습이 나타나는 거예요.

이런 모습은 멋지지 않아요. 오히려 감정을 다스리고 한 걸음 물러서서 서로의 입장을 이해하려는 태도가 더 용기 있는 행동이랍니다.

어떤 상황이든 이겨야만 하는 건 아니에요. 때로는 져주는 용기, 먼저 손 내미는 따뜻함이 갈등을 푸는 열쇠가 될 수 있어요.

진흙탕에서 뒹구는 돼지를 이기려고 하지 마라.

돼지는 좋아하지만 너는 더러워진다.

- 조지 버나드 쇼 (George Bernard Shaw)

쓸모없는 싸움은 이겨도 내 손해예요. 상대가 좋아하는 방식으로 싸우지 말고,

아예 그 진흙탕에 들어가지 않는 게 가장 지혜로운 선택이에요.

泥	田	鬪	狗
진흙 니(이)	밭 전	싸움 투	개 구

이럴 때 이렇게 표현하기

→ 친구들이 작은 일로 서로 싸우며 **이전투구**가 됐어요.

→ 의견 차이로 싸우면 **이전투구**처럼 모두 힘들어져요.

→ 싸움 대신 대화하면 **이전투구**를 막을 수 있어요.

물속에 빠진 칼, 배 위에 표시하면 뭐해?

각주구검 刻舟求劍

배에[舟] 새기고[刻] 칼을[劍] 찾는다[求]

'각주구검'이란 말이 있어요. 배에 칼을 떨어뜨리고, 그 칼이 떨어진 지점을 배에 표시해 두고 나중에 물속에서 찾으려 했다는 고사에서 나온 말이에요. 이 말은 상황이 변했는데도 과거의 기준이나 방법을 그대로 고집하는 어리석음을 뜻해요.

우리는 종종 과거에 했던 방식이나 익숙한 생각에만 기대려 할 때가 있어요. 하지만 세상은 늘 변하고, 문제도 달라지기 때문에, 언제나 같은 방법이 통하는 건 아니랍니다. 예를 들어, 초등학교 때 공부하던 방식이 중학교에서도 꼭 효과적이라고는 할 수 없어요.

새로운 환경에 맞게 생각과 행동을 바꾸는 것이 필요해요. 과거의 방법을 버리는 건 실패가 아니라 더 나은 길을 찾기 위한 용기예요.

각주구검은 "그때는 맞았지만, 지금은 아닐 수 있다"는 걸 알려주는 말이랍니다.

변화에 유연하게 대응하는 사람만이 진짜 성장할 수 있어요. 과거에 머무르지 말고, 오늘 나에게 맞는 방법을 찾으려는 태도, 그게 바로 지혜랍니다.

언제나 했던 방식으로만 한다면,

당신은 그 이상으로 절대 성장할 수 없다.

- 미셸 오바마 (Michelle Obama)

늘 하던 대로만 해서는 더 멀리 갈 수 없어요.

한 걸음 달라지는 용기가 나를 크게 만들어요.

刻	舟	求	劍
새길 각	배 주	구할 구	칼 검

이럴 때 이렇게 표현하기

→ 시험 방식이 바뀌었는데 예전처럼만 공부해서 **각주구검**이 됐어요.

→ 중학교 때 쓰던 공부법을 고집하다가 성적이 떨어졌어요. **각주구검**이었죠.

→ 상황은 바뀌었는데 고집만 부리니 **각주구검**처럼 헛수고였어요.

잘하고 있다면서 왜 더 하래요?

주마가편 走馬加鞭

달리는[走] 말에[馬] 채찍질을[鞭] 더하다[加]

주마가편은 '달리는 말에 채찍질을 더한다'는 뜻이에요.

이 말은 이미 열심히 하고 있는 사람에게 더 힘을 북돋우거나, 더욱 분발하도록 격려할 때 쓰는 표현이랍니다.

달리고 있는 말은 이미 빠르게 움직이고 있는데, 거기에 채찍질을 더하는 것은 더 멀리, 더 빠르게 나아가길 바라는 마음이 담겨 있어요.

우리도 어떤 일을 열심히 하고 있을 때가 있지요. 시험을 앞두고 공부를 열심히 하거나, 운동 경기에서 최선을 다하고 있을 때 말이에요.

그런 순간에 "주마가편"이라는 말을 들으면 "지금도 잘하고 있지만, 더 할 수 있어! 조금만 더 힘내자!" 하는 따뜻한 응원을 받는 기분이 들어요.

이 사자성어는 단순히 더 열심히 하라는 채찍질이 아니라, 잘하고 있는 걸 알아주고 더 성장하길 바라는 격려의 말이랍니다.

그래서 친구가 무언가를 열심히 하고 있을 때, "정말 대단해. 너야말로 주마가편이 필요하겠어."라고 말해보세요. 그 말 한마디가 누군가에게는 큰 용기가 될 수 있어요.

이미 능력 있는 사람에게 더욱 엄격해야 하는 법이다.

왜냐하면 그들은 그만큼 더 멀리 갈 수 있기 때문이다.

- 미셸 오바마 (Michelle Obama)

잘하는 사람일수록 더 큰 기대와 책임이 따르기 마련이에요.

그만큼 더 멀리 갈 수 있기에, 더 강한 격려가 필요한 거예요.

走	馬	加	鞭
달릴 주	말 마	더할 가	채찍 편

이럴 때 이렇게 표현하기

→ 시험 준비 잘하고 있으니, 이제 **주마가편**으로 마무리 잘하자.

→ 그는 이미 훌륭했지만, **주마가편**으로 더 큰 성과를 냈다.

→ 열심히 하는 너에게 **주마가편**의 응원을 보내고 싶어.

궁서설묘 窮鼠齧猫

궁지에[窮] 몰린 쥐가[鼠] 고양이를[猫] 문다[齧]

61

궁서설묘는 '궁지에 몰린 쥐가 고양이를 문다'는 뜻이에요.

평소에는 쥐가 고양이를 무서워하지만, 살 길이 막막해지면 오히려 고양이를 공격할 수 있다는 말이지요. 약자라 하더라도 벼랑 끝에 몰리면 강하게 저항할 수 있다는 의미를 담고 있어요.

이 표현은 누군가가 너무 몰린 상황에서 평소와 다르게 강하게 반응하거나 예상 밖의 용기를 낼 때 사용한답니다.

예를 들어, 평소에는 조용하던 친구가 부당한 일에 맞서 목소리를 냈을 때 "궁서설묘라는 말이 딱 어울리네"라고 말할 수 있어요.

청소년 시절, 때로는 억울하거나 참기 힘든 일을 겪을 때가 있어요. 그럴 때 너무 억누르기만 하기보다는, 나를 지키기 위한 용기를 내보는 것도 필요하답니다.

하지만 중요한 건, 그 용기가 올바른 방향으로 표현되어야 한다는 거예요. 궁서설묘는 단순한 반항이 아니라, 절박함 속에서도 스스로를 지키려는 마지막 힘을 뜻한답니다.

사람은 벼랑 끝에 몰렸을 때 진짜 힘을 발견하게 된다.

아무것도 잃을 게 없을 때, 우리는 가장 강해진다.

- 제임스 볼드윈(James Baldwin)

사람은 정말 힘든 순간에 자신도 몰랐던 힘을 발견하게 돼요.

잃을 게 없을 때는 두려움보다 용기가 더 커지니까요.

窮	鼠	齧	猫
다할 궁	쥐 서	물 설	고양이 묘

이럴 때 이렇게 표현하기

→ 너무 몰아붙이지 마, **궁서설묘**라는 말도 있잖아.

→ 그가 그렇게 강하게 반응한 건, **궁서설묘**처럼 궁지에 몰렸기 때문이야.

→ 작은 존재라도 끝까지 몰리면 **궁서설묘**처럼 반격할 수 있어.

후안무치 厚顔無恥

얼굴이[顔] 두껍고[厚] 부끄러움이[恥] 없다[無]

후안무치는 '얼굴은 두껍고, 부끄러움을 모른다'는 뜻이에요.

다시 말해, 자신이 잘못했거나 부끄러운 행동을 했음에도 전혀 창피해하지 않는 태도를 가리키는 말이에요.

예를 들어, 친구의 물건을 몰래 사용하고도 미안한 기색 없이 당당한 모습을 보이는 사람을 보면 "정말 후안무치하네"라고 말할 수 있답니다.

청소년 시절에는 아직 옳고 그름을 배워가는 과정이라, 실수도 많고 부끄러운 순간도 있을 수 있어요. 하지만 중요한 건 그런 순간에 부끄러움을 느낄 줄 알고, 잘못을 인정할 줄 아는 용기랍니다.

누군가 후안무치한 모습을 보이면 실망스러울 수 있지만, 우리는 그 모습을 반면교사 삼아 양심과 예의를 지키는 사람으로 자라야 해요.

부끄러움을 모르는 것이 강한 게 아니라, 잘못을 인정할 줄 아는 것이 진짜 용기라는 걸 잊지 말았으면 해요.

뻔뻔함은 무지보다 더 위험하다.

무지는 배울 수 있지만, 뻔뻔함은 배우려 하지 않기 때문이다.

- 마르쿠스 아우렐리우스 (Marcus Aurelius)

모르는 건 배워서 나아질 수 있지만, 뻔뻔함은 고치려 하지 않아 더 위험해요.

부끄러움을 아는 마음이 바른 성상을 이끈답니다.

厚	顔	無	恥
두터울 후	얼굴 안	없을 무	부끄러울 치

이럴 때 이렇게 표현하기

→ 잘못했는데도 웃고 넘어가다니, 정말 **후안무치**야.

→ 자신만 생각하고 뻔뻔하게 구는 모습이 **후안무치** 그 자체였어.

→ **후안무치**한 태도는 친구 사이를 멀어지게 해요.

그렇게는 안 살 거야! 라는 다짐의 힘

반면교사 反面教師

반대되는[反] 얼굴로[面] 가르치는[教] 스승[師]

63

살다 보면 때때로 "나는 저렇게 되지 말아야지" 하고 느끼게 되는 순간이 있어요. 그런 경험을 우리는 '반면교사'라고 해요.

즉, 이 말은 나쁜 예를 통해 교훈을 얻는다는 뜻이랍니다.

예를 들어, 거짓말을 자주 하는 친구를 보며 "나는 솔직하게 살아야겠다"고 다짐하거나, 무례한 행동을 하는 어른을 보고 "나는 예의 바르게 행동해야지"라고 배우는 거예요.

반면교사는 꼭 누군가의 잘못을 비난하기 위해 쓰는 말이 아니라, 다른 사람의 실수를 거울삼아 나를 더 좋은 방향으로 이끄는 지혜로운 태도를 말해요.

우리는 완벽하지 않기에 실수도 하고, 그런 실수에서 배우기도 해요. 중요한 건 남의 실수든 나의 실수든 그 속에서 배우려는 마음가짐이에요.

때로는 '나쁜 예'가 더 깊은 깨달음과 성장을 이끌어주는 선생님이 되기도 하니까요.

현명한 사람은 자신의 실수에서 배우고,

더욱 현명한 사람은 타인의 실수에서 배운다.

– 벤자민 프랭클린 (Benjamin Franklin)

자신의 실수에서 배우는 것도 중요하지만, 다른 사람의 실수를 보고
미리 깨닫는 것이 더 현명한 행동이랍니다.

反	面	教	師
돌이킬 반	얼굴 면	가르칠 교	스승 사

이럴 때 이렇게 표현하기

→ 그 친구의 실패는 내게 좋은 **반면교사**가 되었어.

→ 나쁜 선택도 때로는 **반면교사**가 될 수 있어요.

→ **반면교사** 덕분에 같은 실수를 하지 않을 수 있었어요.

135

레벨 업하려면 고생 좀 해야죠!

천신만고 千辛萬苦

천 가지[千] 고생과[辛] 만 가지[萬] 괴로움[苦]

천신만고라는 사자성어는 '수천 가지의 고생과 수만 가지의 어려움'을 뜻해요. 말 그대로 셀 수 없이 많은 고난과 힘든 일을 겪는다는 뜻입니다.

우리 인생에서도 크고 작은 어려움이 많죠. 특히 꿈을 이루거나 목표를 향해 나아갈 때, 수많은 고비와 힘든 순간을 만날 수밖에 없어요. 그럴 때 포기하지 않고 참고 견디며 노력하는 태도를 '천신만고를 겪는다'고 합니다.

예를 들어, 운동선수가 올림픽을 준비하며 매일 땀 흘려 훈련하는 모습이나, 대학 입시를 위해 밤늦게까지 공부하는 모습이 바로 천신만고의 좋은 예입니다.

이처럼 '천신만고'는 단순히 힘들다는 의미를 넘어서, 어려움을 딛고 성장하는 끈기와 인내를 상징합니다. 고난이 있어도 멈추지 않고 한 걸음씩 나아가는 마음이 결국 우리를 더 단단하고 성숙하게 만들어 줍니다.

청소년 여러분도 앞으로 살면서 천신만고의 과정을 겪게 될 텐데, 그 모든 경험이 값진 자산이 될 것임을 기억하길 바랍니다.

고통 없이는 성장도 없다.

꽃은 겨울을 견딘 나무에서 피어난다.

- 해럴드 쿠쉬너 (Harold Kushner)

고통은 우리를 단단하게 만들고, 시련은 성장을 위한 과정이에요.

추운 겨울을 이겨낸 나무에서 꽃이 피듯, 어려움을 이겨낼 때 비로소 나아질 수 있어요.

千	辛	萬	苦
일천 천	매울 신	일만 만	쓸 고

이럴 때 이렇게 표현하기

→ 그는 **천신만고** 끝에 원하는 대학에 합격했어요.

→ **천신만고**를 겪으면서도 포기하지 않은 덕분에 결국 꿈을 이뤘어요.

→ 그 영화는 주인공이 **천신만고** 끝에 가족을 다시 만나는 이야기였어요.

137

암중모색 暗中摸索

어둠[暗] 속에서[中] 더듬어[摸] 찾다[索]

때로는 내가 어디로 가고 있는지조차 모를 때가 있어요. 열심히 하고 는 있는데, 잘하고 있는 건지, 이게 맞는 길인지 불안해지곤 하죠.

이럴 때를 두고 '암중모색'이라고 해요. 뚜렷한 답도, 확실한 방향도 없지만, 손을 더듬듯 한 걸음씩 앞으로 나아가는 거예요.

누구나 처음 겪는 일 앞에서는 서툴 수 있어요. 친구 관계든, 공부든, 진로 고민이든 말이에요.

하지만 중요한 건 멈추지 않고 계속 시도하는 거예요. 길이 보이지 않 더라도 나만의 답을 찾으려는 그 과정이 언젠가 나를 더 단단하게 만들 어 줄 테니까요.

암중모색은 실패해도 괜찮다는 말이에요. 답답하고 어두운 시간도 결 국엔 나를 위한 시간이 될 수 있어요. 그러니 지금 너무 불안해하지 않 도 돼요.

길은, 찾으려는 사람 앞에 조금씩 열리기 마련이니까요.

무엇이 옳은 길인지 알기 전까지,

계속 움직이고 탐색해야 한다.

- 파블로 피카소 (Pablo Picasso)

길이 보이시 않는다고 멈추면, 결국 아무것도 발견할 수 없어요.

계속 시도하고 움직이는 속에서 비로소 나만의 길이 보이기 시작한답니다.

暗	中	摸	索
어두울 암	가운데 중	찾을 모	찾을 색

이럴 때 이렇게 표현하기

→ 진로를 정하지 못해 고민 중이지만, **암중모색**하며 다양한 활동을 해보고 있어요.

→ 처음엔 뭐가 뭔지 몰랐지만, 하나하나 해보면서 **암중모색** 중이랍니다.

→ 문제 해결의 실마리가 보이지 않았지만, 친구들과 **암중모색** 끝에 방법을 찾았어요.

열등감이라는 착각의 안경

자격지심 自激之心

스스로를[自] 격하게[激] 하는[之] 마음[心]

66

누군가 나를 무시한 것도 아닌데, 괜히 위축되고 마음이 작아질 때가 있어요.

누군가 잘하는 걸 볼 때 "나는 왜 저렇게 못하지?" 하며 스스로를 작게 느끼는 마음, 바로 이럴 때 우리는 '자격지심'을 느낀다고 해요.

자격지심은 '스스로 자극해서 생긴 마음'이라는 뜻으로, 다른 사람은 아무 말도 안 했는데 자신이 부족하다고 느끼며 괜히 위축되는 상태를 말합니다.

이런 마음은 누구에게나 찾아올 수 있어요. 하지만 중요한 건 그런 마음에 지지 않고 "나도 나대로 충분해"라고 다독이는 거랍니다.

자격지심은 열등감에서 시작되지만, 그 마음을 인정하고 노력으로 바꾸면 성장의 발판이 되기도 해요.

그러니 누군가가 빛나 보여서 주눅이 들 때는, "나는 나대로의 길을 걷고 있다"고 생각해보세요. 비교 대신 나의 걸음을 믿는 것, 그것이 자격지심을 이겨내는 첫걸음이에요.

열등감은 우리가 가진 가장 치명적인 감정이다.

그것은 다른 사람의 삶을 부러워하게 만들고, 자신의 삶을 작게 만든다.

– 노먼 빈센트 필 (Norman Vincent Peale)

열등감은 우리 마음을 작게 만들고, 남을 부러워하게 해요.

그래서 자신감을 잃고 내 삶의 소중함도 잊기 쉽답니다.

自	激	之	心
스스로 자	격할 격	갈 지	마음 심

이럴 때 이렇게 표현하기

→ 친구가 칭찬받자 괜히 내가 못하는 것 같아 **자격지심**이 들었어요.

→ 내가 말실수 했을 때, **자격지심** 때문에 더욱 조심하게 되었어요.

→ 다른 사람이 잘하는 걸 볼 때마다 **자격지심** 때문에 자신감을 잃곤 해요.

눈물이 안 나도 마음은 울컥!

측은지심 惻隱之心

슬퍼하고[惻] 가엾어[隱] 하는[之] 마음[心]

67

우리가 누군가가 힘들어하거나 어려움에 처했을 때 자연스럽게 느끼는 마음이 있어요. 바로 측은지심이라고 합니다.

측은지심은 다른 사람이 아픈 모습을 보고 '도와주고 싶다'거나 '안쓰럽다'는 따뜻한 마음이 생기는 감정을 뜻해요.

이 마음은 단순한 동정이 아니라, 상대방의 고통을 함께 느끼고 이해하려는 마음입니다.

예를 들어 친구가 슬퍼할 때 그저 바라보는 것보다 함께 위로해 주고 싶은 마음이 드는 것, 바로 측은지심이 작용한 순간이에요.

이런 마음이 있기 때문에 우리는 서로에게 친절을 베풀고, 사회가 더 따뜻해진답니다.

측은지심은 우리의 인간다움을 보여주는 감정이며, 타인을 배려하는 첫걸음이라고 할 수 있습니다. 그래서 어려운 상황에 놓인 사람을 보면, 이 마음을 잊지 말고 작은 도움이라도 건네는 것이 중요하답니다.

사람은 누구나 자기 이익에만 몰두하기 쉽지만,

진정한 인간다움은 남의 아픔에 마음을 쓰는 데서 나온다.

– 에픽테토스(Epictetus)

사람은 자기 생각에만 빠지기 쉽지만, 진짜 멋진 사람은 다른 이의 아픔도 함께 느낍니다.

서로 배려할 때 더 따뜻한 세상이 만들어져요.

惻	隱	之	心
슬퍼할 측	숨을 은	갈 지	마음 심

이럴 때 이렇게 표현하기

→ 친구가 넘어져서 다쳤을 때, 나는 **측은지심**이 들어서 도와주었어요.

→ 반 친구가 혼자 슬퍼할 때, 나는 **측은지심**을 느껴 다가가 위로했어요.

→ 어려운 상황에 처한 동물을 보면 자연스럽게 **측은지심**이 생겨나요.

애지중지 愛之重之

사랑하여[愛][之] 중히[重] 여기다[之]

68

애지중지는 '어떤 사람이나 물건을 매우 사랑하고 소중히 여긴다'는 뜻이에요.

우리가 좋아하는 인형, 아끼는 책, 매일 쓰는 다이어리처럼 작은 물건 하나에도 깊은 애정을 느낄 수 있지요.

그것을 함부로 하지 않고, 정성껏 챙기고, 꼭꼭 숨겨두기까지 할 때 "정말 애지중지하네!"라고 말한답니다.

하지만 애지중지는 단지 물건에만 쓰이는 말이 아니에요. 가족, 친구, 반려동물처럼 내 마음속에서 큰 자리를 차지한 존재에게도 쓸 수 있어요. 내가 아끼는 사람을 애지중지하는 마음은 배려와 존중으로 이어지고, 따뜻한 관계를 만들어 줍니다.

무언가를 애지중지한다는 건 그만큼 나의 마음이 담겨 있다는 뜻이에요.

그래서 우리가 소중하게 여기는 것이 무엇인지 돌아보는 것도, 나 자신을 아끼는 중요한 시작이랍니다.

진정으로 소중한 것은 돈이나 물건이 아니라,

우리가 마음을 주는 존재들이다.

– 레오 버스카글리아 (Leo Buscaglia)

소중한 건 비싼 물건이 아니라, 우리가 정성과 사랑을 쏟는 사람이에요.

무엇을 얼마나 가졌느냐보다, 누구와 마음을 나누느냐가 더 중요하답니다.

愛	之	重	之
사랑 애	갈 지	무거울 중	갈 지

이럴 때 이렇게 표현하기

→ 그는 어릴 적 인형을 **애지중지** 간직하며 잠들곤 했어요.

→ 친구가 준 편지를 **애지중지** 모아두는 모습이 참 따뜻했어요.

→ 고양이를 **애지중지** 돌보는 모습에서 진심이 느껴졌어요.

오매불망 寤寐不忘

자나[寐] 깨나[寤] 잊지[忘] 못함[不]

가끔은 어떤 사람이나 일이 머릿속에서 떠나지 않아 하루 종일, 아니 자다가도 생각나는 경우가 있어요.

이런 마음을 딱 네 글자로 표현한 말이 바로 '오매불망'이에요. '깨어 있을 때나 잠잘 때나 잊지 못한다'는 뜻으로, 간절하게 그리워하고 마음을 쓰는 상태를 말한답니다.

누군가를 좋아해서 자꾸 생각나거나, 꼭 이루고 싶은 꿈이 머릿속에서 계속 맴돌 때가 있어요. 오매불망은 바로 그런 간절함과 애틋함이 담긴 표현이에요.

예를 들어, 좋아하는 친구를 걱정하거나, 꿈꾸는 대학 합격을 향해 매일 노력하며 그 순간을 그릴 때, 우리는 오매불망의 마음으로 살아가고 있는 거예요.

오매불망의 마음은 우리를 더 나은 방향으로 이끌기도 해요.

누군가를 소중히 여기는 감정, 포기하지 않는 간절함이야말로 우리 삶을 더 깊고 따뜻하게 만들어 주는 힘이랍니다.

진정한 사랑은 항상 함께 있지 않아도

그 사람을 늘 마음속에 두고 살아가는 것이다.

– 마하트마 간디(Mahatma Gandhi)

사랑은 꼭 곁에 있지 않아도, 늘 마음으로 그 사람을 생각하는 마음이랍니다.

멀리 있어도 잊지 않고 소중히 여기는 그 감정이 바로 진정한 사랑이에요.

寤	寐	不	忘
깰 오	잠잘 매	아니 불	잊을 망

이럴 때 이렇게 표현하기

→ 시험 공부하느라 **오매불망** 집중했더니 좋은 결과가 나왔어요.

→ 친구의 생일 선물을 **오매불망** 기다리다가 드디어 받았답니다.

→ 좋아하는 연예인 콘서트 티켓을 **오매불망** 기다리는 마음이 설레었어요.

부드러운 말, 날카로운 속마음

언중유골 言中有骨

말[言] 속에[中] 뼈가[骨] 있다[有]

70

언중유골이라는 사자성어는 '말 속에 뼈가 있다'는 뜻이에요.

즉, 겉으로는 부드럽고 상냥한 말처럼 들리지만, 그 안에는 단단하고 날카로운 의미나 비판이 숨어 있다는 의미랍니다.

이 표현은 누군가가 말을 할 때, 단순히 친절하거나 칭찬하는 것 같지만 실제로는 상대방을 꾸짖거나 경고하는 숨은 메시지를 전달할 때 사용해요.

예를 들어, 친구가 "네가 노력하는 모습은 참 보기 좋아"라고 말하면서도 사실은 '좀 더 열심히 해야 한다'는 뜻을 담고 있을 때, 언중유골이라고 할 수 있어요.

청소년 여러분이 일상에서 이 말을 알게 되면, 누군가의 말을 겉으로만 듣지 말고 그 속에 담긴 진짜 뜻을 잘 헤아리는 지혜를 기를 수 있습니다.

이렇게 하면 사람들과 더 깊이 소통할 수 있고, 때로는 어려운 상황에서도 현명하게 대처할 수 있답니다.

언어는 단순한 소통 수단이 아니라, 생각과 감정의 칼날이다.

그 칼날을 어떻게 휘두르느냐가 사람의 품격을 결정한다.

– 랄프 왈도 에머슨 (Ralph Waldo Emerson)

말은 단순한 대화 수단이 아니라, 내 마음과 생각을 전하는 힘이에요.

어떻게 말하느냐에 따라 나의 진짜 모습과 인격이 보인답니다.

言	中	有	骨
말씀 언	가운데 중	있을 유	뼈 골

이럴 때 이렇게 표현하기

→ 선배의 조언은 **언중유골**처럼 마음에 깊이 남았다.

→ 친구의 말에 **언중유골**이 느껴져서 괜히 찔렸다.

→ 선생님의 한마디는 **언중유골**이라 더 생각하게 만들었다.

지혜로운 선택이 만드는 두 배의 효과

일석이조 一石二鳥

한 개의[一] 돌로[石] 두 마리의[二] 새를[鳥] 잡다

71

일석이조는 '하나의 돌로 새 두 마리를 잡는다'는 뜻이에요. 즉, 한 가지 행동으로 두 가지 좋은 결과를 얻는다는 말이지요.

청소년 여러분이 일상에서 이 말을 알게 되면, 효율적으로 시간이나 노력을 쓰는 지혜를 배울 수 있어요.

예를 들어 친구와 산책을 하면서 대화도 나누고 운동도 할 수 있다면, 그건 일석이조라고 할 수 있어요. 또는 시험공부를 하면서 발표 준비까지 같이 된다면, 그것도 일석이조인 셈이죠.

요즘은 바쁘고 해야 할 일도 많기 때문에, 하나의 행동으로 두 가지 이상의 효과를 얻는 건 정말 유용한 방법이랍니다.

일석이조는 단순히 '이득'만을 뜻하진 않아요. 시간을 아끼고 더 나은 선택을 하는 삶의 지혜이기도 해요. 그러니 앞으로 뭔가를 할 때, '이걸 하면서 다른 좋은 결과도 얻을 수 있을까?'를 한 번쯤 생각해보는 습관을 가져보세요.

똑똑한 선택이 쌓이면, 여러분의 하루도 더 알차게 바뀔 수 있답니다.

가장 현명한 사람은 시간을 두 번 쓰는 법을 안다.

한 번은 지금을 위해, 또 한 번은 미래를 위해.

– 프랭클린 D. 루스벨트 (Franklin D. Roosevelt)

현명한 사람은 지금을 잘 살면서 미래도 함께 준비해요.

작은 노력 하나가 내일의 나를 바꿀 수 있답니다.

一	石	二	鳥
한 일	돌 석	두 이	새 조

이럴 때 이렇게 표현하기

→ 산책하면서 영어 단어도 외웠어, 완전 **일석이조**였지!

→ 동아리 활동 덕에 친구도 사귀고 꿈도 찾았어. 이게 **일석이조**지!

→ 봉사활동 하면서 진로 경험까지 했으니, **일석이조** 맞지!

백중지세 伯仲之勢

백[伯]과 중[仲]의[之] 세력[勢]

백중지세라는 사자성어는 실력이나 능력에서 우열을 가리기 어려운 상태를 말한답니다.

누가 형이고 동생인지 알 수 없을 정도로 비슷하다는 뜻에서, 경쟁하는 두 사람이나 두 팀이 막상막하일 때 자주 쓰는 표현이에요.

예를 들어, 학교 운동회에서 두 반이 달리기나 축구 시합을 했는데, 끝까지 승부를 예측할 수 없을 만큼 팽팽하게 겨뤘다면 그 상황을 '백중지세'라고 말할 수 있어요.

또는 시험에서 두 친구가 늘 비슷한 점수를 받고, 서로를 자극하며 성장하는 모습에서도 이 표현이 잘 어울린답니다.

청소년 시기에는 친구들과의 경쟁이 자연스럽게 일어나곤 해요. 하지만 '백중지세'의 진짜 의미는 경쟁을 통해 서로를 깎아내리는 것이 아니라, 실력이 비슷한 상대와 함께 성장해나가는 데 있다는 것을 기억했으면 해요.

상대가 나보다 잘하는 게 있다면 배우고, 내가 앞서는 부분이 있다면 겸손하게 나누는 태도가 중요하답니다.

상대가 강해서 두려운 것이 아니라,

그와의 싸움이 나를 더 강하게 만들기 때문에 감사한 것이다.

- 프리드리히 니체 (Friedrich Nietzsche)

상대가 잘해서 겁나는 게 아니라, 그 덕분에 내가 더 성장할 수 있다는 뜻이에요.

그래서 강한 상대를 두려워하기보다, 나를 키워줄 기회로 보면 좋아요.

伯	仲	之	勢
맏 백	버금 중	갈 지	기세 세

이럴 때 이렇게 표현하기

→ 두 친구는 시험 성적이 늘 비슷해서 **백중지세**라고 할 수 있어요.

→ 결승전은 마지막까지 누가 이길지 모를 **백중지세**의 승부였어요.

→ 두 팀의 실력이 막상막하라서 **백중지세**의 대결이 펼쳐졌어요.

명불허전 名不虛傳

이름이[名] 헛되이[虛] 전해지지[傳] 않는다[不]

73

명불허전은 이름은 헛되이 전해지는 것이 아니라는 뜻이에요. 쉽게 말해, 소문대로 정말 대단하다는 걸 인정할 때 쓰는 말이랍니다.

예를 들어 친구가 맛집이라고 소개해준 식당에 갔는데 음식이 정말 맛있다면 "명불허전이네!"라고 말할 수 있어요.

또는 어떤 선배가 공부를 잘한다는 이야기를 많이 들었는데, 실제로 만나보니 정말 실력 있고 성실할 때도 이 표현이 어울려요.

겉으로만 대단해 보이는 게 아니라, 실력이 진짜 있는 사람이나 것에게 쓰는 칭찬이랍니다.

청소년 시기에는 많은 롤모델이나 우러러보는 인물을 만나게 돼요.

그중 누군가가 정말 소문대로 멋지고 진실한 모습을 보여줄 때, 우리는 그 사람에게 '명불허전'이라는 말을 자연스럽게 떠올리게 된답니다.

진짜 실력과 인정을 받는 사람은 언제나 조용히 자기 할 일을 해요. 여러분도 언젠가 누군가에게 "정말 명불허전이야!"라는 말을 듣는 사람이 되길 바라요.

진짜 재능은 말하지 않아도 드러나고,

진짜 평판은 시간이 지나도 흐려지지 않는다.

- 공자 (孔子)

진짜 실력 있는 사람은 굳이 말하지 않아도 자연스럽게 드러난다는 뜻이에요.

진심과 노력이 담긴 평판은 시간이 지나도 쉽게 사라지지 않아요.

名	不	虛	傳
이름 명	아니 불	빌 허	전할 전

이럴 때 이렇게 표현하기

→ 그 배우의 연기는 정말 **명불허전**이었어요.

→ 소문만 듣던 그 식당, 역시 **명불허전**이네요!

→ 선배의 발표 실력은 **명불허전**, 배울 점이 많았어요.

한 가지 색으론 무지개를 못 그려요

각양각색 各樣各色

각각의[各] 모양과[樣] 각각의[各] 색깔[色]

74

각양각색이란 '모양도 다르고 색깔도 다르다'는 뜻이에요. 즉, 사람마다 생김새나 성격, 생각이 모두 다르다는 걸 표현할 때 쓰는 말이랍니다.

친구들 사이에서도 어떤 친구는 활발하고, 또 어떤 친구는 조용하잖아요? 이처럼 다양한 개성과 성격이 어우러지는 모습을 바로 '각양각색'이라고 해요.

이 말은 '다름'을 인정하고 존중하자는 뜻도 담고 있어요.

모두가 똑같으면 재미가 없겠죠. 오히려 서로 다른 생각과 취향이 있으니까 친구들과 나눌 이야기도 많고, 함께할 때 배울 것도 많아요.

청소년 시기에는 나와 다른 친구를 이해하고 받아들이는 연습이 필요해요.

'각양각색'이라는 말처럼, 모두 다르기에 더 아름다운 세상이라는 걸 기억하면 좋겠어요.

나의 색깔도 소중하고, 친구의 색깔도 존중받아야 하니까요.

다름은 결점이 아니라, 세상을 더 풍요롭게 만드는 힘이다.

- 말랄라 유사프자이 (Malala Yousafzai)

사람마다 다른 모습은 잘못이 아니라 세상을 더 풍성하게 만드는 힘이에요.

다르다는 건 특별하다는 뜻이고, 그 차이가 세상을 아름답게 해요.

各	樣	各	色
각각 각	모양 양	각각 각	빛 색

이럴 때 이렇게 표현하기

→ 우리 반 친구들은 **각양각색**이라서 함께 있을 때 더 재미있어요.

→ 전시회에는 **각양각색**의 그림들이 걸려 있었어요.

→ 동아리 활동을 하면서 **각양각색**의 아이디어가 모였어요.

똑같진 않아도, 거의 똑같아!

대동소이 大同小異

크게는[大] 같고[同] 작게는[小] 다르다[異]

75

대동소이는 '큰 부분은 같고, 작은 부분만 조금 다르다'는 뜻이에요.

즉, 여러 사람이 의견이나 생각이 거의 비슷하지만 세부적인 차이가 있을 때 쓰는 말입니다.

예를 들어 친구들과 팀 프로젝트를 할 때, 모두가 목표는 같지만 아이디어나 방법이 조금씩 다를 때가 있죠? 바로 그럴 때 '대동소이'라고 말할 수 있어요.

이 말은 우리가 완벽하게 똑같을 필요 없다는 것을 알려줍니다. 중요한 건 큰 방향이나 핵심이 같으면 된다는 뜻이에요.

서로 조금씩 다른 점을 이해하고 받아들이면서 협력할 때 더 좋은 결과가 나오기도 합니다.

청소년 시기에는 친구들과 다투기보다는 '대동소이'의 마음으로 서로의 작은 차이를 존중하고 함께 나아가는 연습을 하면 좋겠습니다.

이렇게 조금씩 다르면서도 함께하는 것이 우리 삶을 더 풍요롭게 만든답니다.

세상의 다양성 속에서도,

사람들은 본질적으로 같은 감정을 느끼고 같은 욕구를 가진다.

- 에리히 프롬 (Erich Fromm)

세상은 다양하지만, 우리 모두 기쁨과 슬픔 같은 비슷한 감정을 느낍니다.

또한 누구나 사랑받고 싶고 인정받고 싶어 하는 같은 마음을 가지고 있어요.

大	同	小	異
큰 대	한가지 동	작을 소	다를 이

이럴 때 이렇게 표현하기

→ 두 친구의 의견은 **대동소이**해서 쉽게 합의를 봤다.

→ 시험 문제는 학교마다 조금 다르지만, 내용은 **대동소이**하다.

→ 우리 가족의 식사 취향은 다르지만, 좋아하는 음식은 **대동소이**하다.

말에도 다이어트가 필요해!

중언부언 重言復言

같은[重] 말을[言] 반복한다[復]

말을 자꾸 반복하거나 같은 말을 되풀이할 때 우리는 '중언부언'이라고 해요.

꼭 필요한 말이 아니라 비슷한 말을 계속 늘어놓으면 듣는 사람은 지루하고 혼란스러울 수 있어요. 그래서 말은 간결하고 명확하게 하는 것이 더 효과적입니다.

예를 들어, 발표 시간에 같은 문장을 자꾸 반복하면 내용이 부실해 보이기도 하고, 주제가 잘 전달되지 않을 수도 있어요. 친구와의 대화에서도 똑같은 말을 계속하면 오해를 살 수 있답니다.

중언부언을 피하려면 말하기 전에 한 번 더 생각해보고, 중요한 핵심만 정리해서 말하는 습관이 필요해요.

그렇게 하면 내가 하는 말의 힘도 커지고, 상대방도 더 잘 이해할 수 있어요.

말을 아낀다고 해서 표현이 부족한 게 아니에요. 오히려 꼭 필요한 말만 할 줄 아는 사람이 진짜 지혜로운 사람이랍니다.

말을 많이 하지 말고, 정확하게 말하라.

세상은 당신의 목소리보다 당신의 메시지를 듣고 싶어 한다.

- 칼 구스타프 융 (Carl Gustav Jung)

많이 말하는 것보다 정확하게 전하는 것이 더 중요해요.

사람들은 소리보다, 그 속에 담긴 진심과 메시지를 더 알고 싶어 합니다.

重	言	復	言
무거울 중	말씀 언	다시 부	말씀 언

이럴 때 이렇게 표현하기

→ 발표 시간에 긴장해서 **중언부언**만 하다가 결국 하고 싶은 말을 제대로 못 했어요.

→ 친구의 설명은 **중언부언**이 많아서 무슨 말인지 이해하기 어려웠어요.

→ 글을 쓸 땐 **중언부언**을 피하고 핵심만 간단하게 쓰는 게 좋아요.

결정은 번개처럼, 행동은 태풍처럼!

속전속결 速戰速決

빠르게[速] 싸워[戰] 빠르게[速] 결판을[決] 내다

77

결정을 미루고 머뭇거리다 보면 기회는 어느새 멀어져 버리곤 해요.

이럴 때 필요한 게 바로 '속전속결'이에요. 빠르게 싸우고, 빠르게 끝내다는 뜻으로, 어떤 일을 망설이지 않고 신속하게 처리하는 태도를 말합니다.

예를 들어 시험공부 계획을 세워놓고도 계속 미루기만 하면 결국 시간에 쫓기게 되죠. 하지만 속전속결의 마음으로 바로 시작하고, 할 일을 정리해 하나씩 해낸다면 더 효율적인 결과를 얻을 수 있어요.

속전속결은 성급하다는 뜻이 아니라, 판단은 신중하되 실행은 빠르게 하라는 지혜예요.

청소년기에 해야 할 일이 많을수록, 망설임보다 과감한 실행이 우리를 더 성장시켜 줍니다. 때로는 "지금 바로 해보자!"는 결심이 가장 큰 힘이 될 수 있답니다.

그리고 빠른 결정과 행동은 자신감도 키워 줍니다. 자신에게 믿음을 갖고, 속전속결의 태도로 한 걸음씩 나아가 보세요.

삶의 진짜 승자는 자신이 내린 결정에 책임을 지고,

그 결정을 즉시 실행하는 사람이다.

– 앤서니 로빈스 (Anthony Robbins)

삶에서 진짜 이기는 사람은 자신이 내린 선택에 책임을 지고, 바로 행동하는 사람이에요.

망설이지 않고 실천할 때 더 큰 성장과 기회를 만날 수 있답니다.

速	戰	速	決
빠를 속	싸움 전	빠를 속	결단할 결

이럴 때 이렇게 표현하기

→ 시험공부는 미루지 말고 **속전속결**로 끝내자.

→ 문제가 생기면 고민만 하지 말고 **속전속결**로 해결해야 해.

→ 운동 계획을 세우고 바로 실행하는 게 **속전속결**의 핵심이에요.

기사회생 起死回生

죽음을[死] 일으켜[起] 다시[回] 살아남[生]

78

살다 보면 정말 끝난 것 같고, 더는 방법이 없을 것 같은 순간들이 있어요. 시험에서 망쳤다거나, 친구와 크게 다퉜다거나, 실패로 자신감을 잃었을 때 말이에요.

이런 순간에 쓸 수 있는 사자성어가 바로 '기사회생'이에요. 글자 그대로 해석하면 '죽을 상황에서 다시 살아난다'는 뜻이에요.

기사회생은 절망적인 상황에서 기적처럼 다시 일어나는 것을 말해요. 완전히 망한 줄 알았던 일이 다시 기회를 만나 회복될 때, 이 말을 써요.

예를 들어, 경기를 지고 있다가 마지막 순간에 역전하는 스포츠 팀이나, 낙심 속에서도 재도전해서 합격한 친구에게 쓸 수 있어요.

중요한 건, 기사회생은 '기적'처럼 보이지만, 사실 그 기적을 만든 건 포기하지 않은 노력과 희망이에요. 아무리 힘든 상황이라도 다시 일어설 수 있다는 믿음이 있다면, 우리도 충분히 기사회생의 주인공이 될 수 있답니다.

실패는 끝이 아니다. 그것은 단지

더 현명하게 다시 시작할 기회일 뿐이다.

– 헨리 포드 (Henry Ford)

실패했다고 좌절할 필요는 없다는 뜻이에요.

실수 속에서 배우고 다시 시작하면, 그 경험이 오히려 더 나은 길로 이끌어 줄 수 있답니다.

起	死	回	生
일어날 기	죽을 사	돌아올 회	날 생

이럴 때 이렇게 표현하기

→ 그는 막판 역전으로 **기사회생**의 드라마를 썼다.

→ 모든 게 끝난 줄 알았지만, **기사회생**의 기회가 찾아왔다.

→ 팀워크 덕분에 우리는 **기사회생**에 성공할 수 있었다.

지행합일 知行合一

앞과[知] 행함이[行] 하나로[一] 합쳐짐[合]

지행합일이란 '아는 것과 행동하는 것이 하나가 되어야 한다'는 뜻이에요. 쉽게 말해, 옳다고 생각한 것은 행동으로 실천해야 진짜 가치가 있다는 말이죠.

예를 들어, 정직이 중요하다고 말하면서도 친구에게 거짓말을 한다면 그것은 지식일 뿐, 삶이 되지 못한 거예요.

청소년 시기에는 많은 좋은 말과 조언을 듣게 되죠. 하지만 그걸 실제로 내 삶에서 해보는 건 또 다른 이야기랍니다.

'공부는 중요해'라고 하면서도 책을 펴지 않는다면, 그 말은 내 것이 아니에요. 지행합일은 내가 믿는 것을 행동으로 옮기는 용기에서 시작됩니다.

세상은 말보다 행동을 더 믿어요. 그래서 지행합일은 나를 믿게 하고, 다른 사람도 나를 믿게 만드는 힘이 있답니다.

지금 내가 옳다고 생각한 것이 있다면, 작게라도 한 걸음 실천해 보세요. 그게 바로 삶의 진짜 시작이니까요.

무엇을 아느냐보다 중요한 것은,

그 아는 것을 어떻게 실천하느냐다.

- 조지 골든 홀랜드(George Gordon Holland)

아는 것만으로는 충분하지 않아요.

배운 것을 실제로 행동에 옮길 때 진짜 변화가 시작된답니다.

知	行	合	一
알 지	갈 행	합할 합	한 일

이럴 때 이렇게 표현하기

→ 시험 공부한 만큼 열심히 문제를 풀어야 **지행합일**이다.

→ 성공하려면 **지행합일**을 실천해 배운 대로 반드시 행동해야 해요.

→ **지행합일**을 지키는 사람은 말뿐 아니라 행동으로도 신뢰를 받습니다.

자강불식 自强不息

자신을[自] 강하게[强] 하기위해 쉬지[息] 않음[不]

자강불식은 '스스로를 강하게 만들기를 멈추지 않는다'는 뜻이에요.

쉽게 말해, 어떤 상황에서도 포기하지 않고 끊임없이 자신을 갈고닦는 태도를 말한답니다.

청소년 시기에는 공부, 친구 관계, 진로 등 수많은 고민이 있지요. 그럴수록 자강불식의 마음가짐이 꼭 필요해요.

살다 보면 힘들고 지치는 순간들이 있어요. 하지만 그럴 때마다 멈추지 않고 조금씩 나아가려는 마음이 우리를 더 단단하게 만들어 준답니다.

자강불식은 누구보다 열심히 한다는 자랑이 아니라, 나약해질 때마다 다시 마음을 다잡는 자세예요.

한 번에 완벽하지 않아도 괜찮아요. 중요한 건 멈추지 않는 거예요. 넘어져도 다시 일어서는 용기, 그것이 자강불식의 정신이랍니다.

청소년 여러분도 매일 조금씩 성장하며 자신을 지키는 멋진 삶을 만들어 가길 응원해요.

성공은 결코 한순간의 일이 아니다.

그것은 매일의 작은 노력을 포기하지 않고 이어가는 데서 비롯된다.

- 로버트 콜리어 (Robert Collier)

큰 성과는 하루아침에 생기지 않아요.

꾸준한 노력이 쌓여야 비로소 진짜 성공이 되는 거예요.

自	强	不	息
스스로 자	굳셀 강	아니 불	숨쉴 식

이럴 때 이렇게 표현하기

→ 실패했어도 괜찮아. **자강불식**의 마음으로 다시 시작하면 돼.

→ 그 친구는 늘 **자강불식**이에요. 지치지 않고 노력하는 모습이 멋져요.

→ **자강불식**의 자세로 오늘도 한 걸음 더 나아가 봅니다.

결초보은 結草報恩

풀을[草] 묶어[結] 은혜를[恩] 갚는다[報]

결초보은이란 말은 '풀을 묶어서 은혜에 보답한다'는 뜻이에요.

옛날 중국 이야기에서 유래된 이 말은, 은혜를 입은 사람이 죽은 뒤에도 그 은혜를 잊지 않고 보답했다는 데서 비롯됐답니다.

지금은 누군가에게 받은 고마움을 반드시 갚으려는 마음을 나타낼 때 쓰는 말이에요.

우리 일상에서도 부모님의 사랑, 선생님의 가르침, 친구의 배려 같은 것들은 때론 당연하게 느껴질 수도 있지만, 결코 당연한 것이 아니에요.

이런 고마움은 시간이 지나도 기억하고, 작게라도 행동으로 표현하는 게 멋진 보답이랍니다.

'결초보은'은 단순히 의무가 아니라, 따뜻한 마음을 오래 간직하고 살아가는 삶의 태도예요. 진심은 반드시 전해지고, 작은 감사도 세상을 조금 더 아름답게 만들 수 있거든요.

고마운 마음을 표현할 줄 아는 사람, 그게 바로 어른스러운 청소년의 모습이에요.

친절은 눈에 보이지 않는 끈처럼, 세 사람의 마음을 묶는다.

준 사람, 받은 사람, 다시 전할 사람.

– 어니스트 톰슨 시튼 (Ernest Thompson Seton)

친절은 눈에 보이지 않아도 마음을 이어 주는 소중한 다리예요.

친절을 받은 사람도 꼭 다시 다른 사람에게 나누며 좋은 마음을 이어가야 한답니다.

結	草	報	恩
맺을 결	풀 초	갚을 보	은혜 은

이럴 때 이렇게 표현하기

→ 어려울 때 도와준 친구에게 **결초보은**의 마음으로 꼭 은혜를 갚았어요.

→ 부모님께 받은 사랑을 잊지 않고 **결초보은** 하려 노력합니다.

→ 선생님이 가르쳐 주신 은혜에 **결초보은**하는 마음으로 최선을 다하고 있어요.

시종일관 始終一貫

처음부터[始] 끝까지[終] 하나로[一] 꿰뚫다[貫]

시종일관은 '처음부터 끝까지 한결같은 태도나 마음가짐을 유지하는 것'을 뜻해요.

즉, 어떤 일을 시작할 때 세운 목표나 마음가짐을 끝까지 흔들림 없이 지키는 것을 말한답니다.

청소년 여러분이 학교 공부나 친구 관계, 꿈을 향한 노력에서 꾸준함이 중요하다는 것을 알려주는 말이에요.

예를 들어, 어려운 일이 생겨도 포기하지 않고 끝까지 최선을 다하는 모습이 바로 시종일관의 좋은 예입니다. 처음에는 힘들고 지칠 수 있지만, 한결같이 노력하는 사람은 결국 원하는 결과를 얻는 경우가 많아요.

시종일관은 단지 오래 하는 것뿐 아니라, 마음가짐과 태도를 변함없이 유지하는 데 더 큰 의미가 있답니다. 그래서 꾸준함과 성실함을 중요하게 생각하는 상황에서 이 말을 자주 쓰게 됩니다.

여러분도 앞으로 어떤 일이든 처음의 마음을 잃지 말고 끝까지 시종일관하는 사람이 되길 바랍니다.

꾸준히 노력하는 사람은 결국 운명도 바꿀 수 있다.

지속성이야말로 성공의 열쇠이다.

– 윈스턴 처칠 (Winston Churchill)

꾸준함은 눈에 보이지 않지만 가장 강력한 힘이에요.

포기하지 않고 계속 노력하면 결국 원하는 결과에 다가갈 수 있답니다.

始	終	一	貫
처음 시	마칠 종	한 일	꿸 관

이럴 때 이렇게 표현하기

→ 그는 공부에 대한 자세가 **시종일관**이어서 늘 좋은 성적을 유지해요.

→ **시종일관** 한결같은 태도가 결국 친구들의 신뢰를 얻었어요.

→ 운동을 **시종일관** 꾸준히 하다 보니 몸과 마음이 모두 건강해졌답니다.

이해득실 利害得失

이익과[利] 해로움[害], 얻음[得]과 잃음[失]

83

이해득실이란 말은 '이익과 손해, 얻는 것과 잃는 것을 함께 생각한다'는 뜻이에요. 어떤 선택이나 행동을 하기 전에, 그것이 나에게 어떤 득이 되고 어떤 해가 될지를 잘 따져보는 걸 말한답니다.

우리는 일상에서 크고 작은 결정을 많이 내려요. 친구와의 갈등 상황에서 사과를 먼저 할지 말지, 시험공부를 할지 게임을 더 할지, 이런 모든 선택에는 이해득실이 따르지요.

이 사자성어는 '무조건 좋다고 따라가지 말고, 진짜 나에게 도움이 되는지를 먼저 생각해 보라'는 메시지를 담고 있어요.

특히 청소년 시기에는 감정이나 충동에 따라 움직이기 쉬워요. 하지만 감정만으로 결정하면 후회하는 일이 생길 수도 있어요.

이럴 때 '이해득실'을 떠올려 보세요. 내가 이걸 함으로써 얻는 건 무엇이고, 잃는 건 무엇인지 스스로에게 묻는 거예요. 모든 것을 손익 계산처럼 따질 수는 없지만, 중요한 결정일수록 잠깐 멈추고 생각하는 습관이 필요해요.

우리는 흔히 이득만 생각하고 손해는 피하려 하지만,

때론 손해를 감수해야 진짜 이득이 찾아온다.

- 찰스 디킨스 (Charles Dickens)

가끔 손해처럼 보이는 일이, 나중에 더 큰 이득으로 돌아올 수 있어요.

중요한 건 지금 이익보다 나를 성장시키는 선택을 하는 거예요.

利	害	得	失
이로울 리(이)	해칠 해	얻을 득	잃을 실

이럴 때 이렇게 표현하기

→ 그는 **이해득실**을 따져보고 친구의 부탁을 거절했어요.

→ 우리는 감정보다 **이해득실**에 따라 행동할 때가 많아요.

→ 여행을 가기 전에 비용과 시간의 **이해득실**을 생각해 봤어요.

주객이 바뀌면, 인생도 꼬인다!

주객전도 主客顚倒

주인과[主] 손님이[客] 뒤바뀌다[顚][倒]

84

주객전도는 말 그대로 '주인과 손님의 위치가 바뀐다'는 뜻이에요. 중요한 것과 덜 중요한 것이 뒤바뀌어 본말이 전도되는 상황을 말한답니다.

예를 들어, 공부의 목적은 지식을 얻고 스스로 성장하는 것이에요. 그런데 시험 점수나 외부의 평가에만 매달리다 보면, 공부의 본래 의미는 사라지고, 점수가 주인이 되는 주객전도가 일어나요.

우리 삶에서도 이런 일이 자주 벌어져요. 건강을 위해 운동을 시작했는데, 어느새 몸매를 보여주기 위한 운동으로 바뀌거나, 친구를 사귀는 즐거움보다 SNS '좋아요' 수에 집착하는 모습이 그렇답니다.

본래 목적을 잃고 수단이나 외적인 것에 휘둘리면, 나 자신도 헷갈리게 되고 결국 만족이나 행복은 멀어지게 되죠.

그래서 우리는 가끔 멈춰서 생각해 봐야 해요. 지금 내가 집중하고 있는 것이 진짜 중요한 것인지, 아니면 덜 중요한 것에 휘둘리고 있는 것인지 말이에요.

중요한 것은 '왜' 하는가이지 '어떻게' 하는가가 아니다.

수단이 목적이 되어서는 안 된다.

- 피터 드러커(Peter Drucker)

무엇을 하는지보다 왜 하는지가 더 중요해요.

방법에만 신경 쓰다 보면 진짜 목표를 잃을 수 있으니, 수단이 목적이 되어서는 안 됩니다.

主	客	顚	倒
주인 주	손 객	넘어질 전	넘어질 도

이럴 때 이렇게 표현하기

→ 운동은 건강을 위해 하는 건데, 친구들과 경쟁만 생각하면 **주객전도**예요.

→ 팀 프로젝트에서 의견 조율보다 자기주장만 내세우면 **주객전도**입니다.

→ 여행의 목적은 즐거움인데, 사진 찍기에만 집중하면 **주객전도**가 돼요.

이합집산 離合集散

헤어지고[離] 모이고[合] 모이고[集] 흩어진다[散]

85

살다 보면 우리는 누군가와 만나고, 또 헤어지는 일을 반복하게 됩니다. 친구와의 관계도 그렇고, 어떤 모임이나 활동에서도 그런 일은 자주 일어나지요.

이런 세상의 흐름을 잘 나타내는 말이 바로 '이합집산'이랍니다. 이 말은 '모였다가 흩어지고, 흩어졌다가 다시 모인다'는 뜻을 가지고 있어요.

예를 들어, 학생회가 바뀔 때나 동아리 활동이 끝날 때, 또는 졸업을 앞두고 있는 지금 같은 시기에도 잘 어울리는 표현이에요.

단지 흩어진다고 해서 슬퍼할 필요는 없답니다. 언젠가 또 다른 모습으로 만나게 될 수도 있고, 그 모든 변화가 나를 성장시키는 경험이 되니까요.

이합집산은 우리에게 이렇게 말해주는 것 같아요. "만남과 헤어짐은 모두 자연스러운 흐름이란다. 너무 집착하지 말고, 그 순간에 최선을 다해봐." 하고요.

그래서 우리는 이 사자성어를 통해 인연의 소중함도, 이별의 의미도 함께 배울 수 있답니다.

우정은 두 영혼이 마주치는 기적이며,

헤어짐은 그 기적을 간직하는 법을 배우는 시간이다.

– 랄프 왈도 에머슨 (Ralph Waldo Emerson)

우정이란 특별한 인연이 만들어낸 놀라운 순간이며,

이별은 그 소중한 순간을 마음에 간직하고 더 성장하는 시간이라는 뜻이에요.

離	合	集	散
떠날 리(이)	합할 합	모일 집	흩을 산

이럴 때 이렇게 표현하기

→ 친구들과 모였다가 각자 집으로 흩어지는 모습이 바로 **이합집산**이다.

→ 인생은 끊임없는 **이합집산** 속에서 성장하는 과정이다.

→ 우리는 때로는 모였다가 흩어지고, 다시 만나는 **이합집산**을 반복한다.

자중지란 自中之亂

자기[自] 안에서의[中][之] 어지러움[亂]

자중지란은 '자기 안에서의 혼란'이라는 뜻이에요. 즉, 한 조직이나 집단 안에서 서로 싸우고 다투어서 스스로 무너지는 상황을 말한답니다.

외부에서 공격을 받지 않았는데도 내부의 갈등과 분열로 혼란이 생기면, 결국 그 집단은 제대로 힘을 발휘하지 못하게 되지요.

학교에서도 이런 상황은 종종 생겨요. 같은 반 친구들끼리 서로 믿지 못하고, 오해하고, 편을 나누어 다투면 반 전체 분위기가 나빠지게 돼요. 누가 나쁜 행동을 한 것이 아니더라도, 말 한마디가 상처가 되어 갈등이 커질 수 있답니다. 결국 다 함께 해야 할 활동도 잘되지 않고, 좋은 결과를 내기 어려워져요.

그래서 우리는 자중지란을 피해야 해요. 서로 다름을 이해하고, 상대의 입장을 생각하려는 마음이 필요해요. 내 생각만 고집하지 않고, 함께 어울려서 더 나은 방향을 찾아가는 것이 중요하답니다.

작은 오해도 대화를 통해 풀어나간다면, 자중지란이 아니라 협력과 화합이 일어날 수 있어요.

적과의 싸움보다 더 어려운 것은, 내 편 안에서의 다툼이다.

내부가 갈라지면, 그 어떤 외부 공격도 막을 수 없다.

– 레프 톨스토이(Lev Tolstoy)

밖에서 누가 공격해 오는 것보다 우리끼리 싸우는 게 더 무섭다는 뜻이에요.

친구들 사이에 갈등이 생기면, 아무리 좋은 기회나 도움이 있어도 잘 해낼 수 없게 된답니다.

自	中	之	亂
스스로 자	가운데 중	갈 지	어지러울 란

이럴 때 이렇게 표현하기

→ 팀원들끼리 **자중지란**이 일어나서 결국 대회에 참가하지 못했어요.

→ 반 분위기가 좋아지려면, **자중지란**부터 멈춰야 해요.

→ **자중지란**이 계속되면, 누가 우리를 도와줘도 소용없어요.

나쁜 짓은 반사, 착한 짓은 보너스!

자업자득 自業自得

스스로[自] 한 일을[業] 스스로[自] 얻는다[得]

87

자업자득은 '자기가 한 일의 결과를 스스로 받는다'는 뜻이에요. 쉽게 말하면, 내가 한 행동은 결국 나에게 돌아온다는 말이지요.

좋은 일을 하면 좋은 결과가, 나쁜 일을 하면 나쁜 결과가 돌아오는 거예요.

예를 들어, 공부를 열심히 한 친구는 시험에서 좋은 점수를 받고, 숙제를 미루고 놀기만 한 친구는 나중에 혼이 나거나 스트레스를 받게 돼요.

또, 친구를 괴롭힌 사람은 결국 친구들에게 외면을 당하고, 친절하게 대해 준 사람은 주위로부터 사랑을 받게 되지요.

이 사자성어는 우리가 늘 책임감을 가지고 행동해야 한다는 걸 알려줘요. 지금은 별일 아닌 것처럼 느껴져도, 나중에는 그 선택의 결과를 꼭 마주하게 되니까요.

그래서 우리는 순간의 감정에 휘둘리지 말고, 나중에 어떤 결과가 올지 생각하면서 행동해야 해요. 좋은 결과를 원한다면, 지금 좋은 행동을 선택해야 한답니다.

모든 행위에는 반드시 그에 따른 결과가 있다.

선한 일은 복을 부르고, 악한 일은 고통을 가져오니,

자신의 행동에 늘 주의를 기울여야 한다.

- 부처(Buddha)

좋은 일을 하면 좋은 일이 생기고, 나쁜 일을 하면 어려움이 찾아올 수 있으니
항상 조심해서 행동해야 해요.

自	業	自	得
스스로 자	업 업	스스로 자	얻을 득

이럴 때 이렇게 표현하기

→ 시험공부를 하지 않아서 떨어진 건 **자업자득**이다.

→ 친구를 배려하지 않아 친구를 잃은 건 **자업자득**이다.

→ 나쁜 습관을 고치지 않으면 결국 건강을 해치는 것도 **자업자득**이다.

안하무인 眼下無人

눈[眼] 아래에[下] 사람이[人] 없다[無]

88

안하무인은 '눈 아래에 사람이 없다'는 뜻이에요. 쉽게 말해, 자기밖에 안 보이고 다른 사람을 무시하거나 함부로 대하는 태도를 뜻한답니다.

자신이 최고라고 생각하거나 남을 깔보는 마음이 담겨 있어요. 예를 들어, 친구들이 이야기할 때 상대방 말을 듣지 않고 자기 말만 하거나, 선생님이나 어른의 조언을 무시하는 행동이 이에 해당할 수 있어요.

이런 태도는 주변 사람들에게 상처를 주고 관계를 어렵게 만들어요.

안하무인은 자신을 객관적으로 돌아보지 못하는 모습이기도 해요. 세상에는 나보다 더 뛰어난 사람도 많고, 서로 존중하며 배려해야 좋은 관계가 만들어진다는 것을 잊으면 안 돼요.

청소년 시기에는 특히 친구와의 관계가 중요한데, 안하무인 태도는 오히려 외톨이가 되기 쉬워요.

그래서 우리는 항상 겸손한 마음을 갖고, 다른 사람을 존중하는 태도를 길러야 해요. 내 눈에만 세상이 다가 아니라는 걸 기억하면서, 함께 어울려 성장하는 자세가 필요하답니다.

우리는 모두 한계를 가진 존재임을 기억해야 한다.

다른 사람을 깔보는 마음은 결국 자신을 낮추는 일이다.

- 공자(孔子)

우리 모두 완벽하지 않고 부족한 점이 있다는 뜻이에요.

다른 사람을 무시하면 결국 자신만 손해를 본다는 것을 기억해야 해요.

眼	下	無	人
눈 안	아래 하	없을 무	사람 인

이럴 때 이렇게 표현하기

→ 친구들의 의견을 무시하고 자기 말만 하는 건 **안하무인** 태도예요.

→ 선생님 말씀을 듣지 않고 깐깐하게 굴면 **안하무인**으로 보일 수 있어요.

→ 회의 시간에 다른 사람 말을 끊는 건 **안하무인** 행동이에요.

청출어람 靑出於藍

푸른색은[靑] 쪽에서[藍][於] 나온다[出]

청출어람은 '푸른색은 쪽에서 나왔지만 쪽보다 더 푸르다'는 뜻이에요. 여기서 '쪽'은 식물 이름인데, 예전에 이 식물로 파란 염료를 만들었답니다. 그런데 그 염료로 물들인 천은 원래의 쪽보다 더 푸른색을 띠지요.

이 말은 제자가 스승보다 나은 실력을 갖게 되었을 때, 혹은 후배가 선배보다 더 뛰어난 성과를 낼 때 자주 써요.

처음에는 누군가에게 배우고 도움을 받았지만, 그 노력과 실력으로 나중에는 더 멋진 모습으로 성장할 수 있다는 의미예요.

예를 들어 선생님께 배운 학생이 나중에 더 훌륭한 사람이 되었을 때, 또는 부모님을 닮아 시작했지만 더 멋진 인생을 만들어 나갈 때 이 표현을 사용할 수 있어요.

청출어람은 단지 비교를 위한 말이 아니에요. 지금 배우고 있는 나 자신도 더 나아질 수 있다는 희망의 메시지예요.

열심히 배우고 노력한다면, 나도 언젠가 누군가에게 "넌 참 청출어람이구나!"라는 말을 들을 수 있을 거예요.

훌륭한 스승은 자신을 뛰어넘는 제자를 길러낸다.

제자의 성공은 스승의 가장 큰 자랑이다.

- 존 록(John Locke)

진짜 멋진 선생님은 제자가 자기보다 더 잘되길 바란다는 뜻이에요.

그래서 내가 열심히 배우고 성장하는 모습이 선생님에게는 가장 큰 기쁨이 되는 거예요.

靑	出	於	藍
푸를 청	날 출	어조사 어	쪽 람

이럴 때 이렇게 표현하기

→ 제자가 선생님보다 더 뛰어난 성과를 내니, 정말 **청출어람**이에요.

→ 후배가 나보다 더 잘해서 처음엔 놀랐지만, **청출어람**이라 생각했어요.

→ 아이가 부모보다 더 훌륭한 사람이 되면 그게 바로 **청출어람**이지요.

경거망동 輕擧妄動

가볍게[輕] 행동하고[擧] 함부로[妄] 움직인다[動]

경거망동은 '가볍게 행동하고 함부로 움직인다'는 뜻이에요. 즉, 깊이 생각하지 않고 충동적으로 행동하는 것을 말한답니다.

청소년 시기에는 감정이 앞서거나 순간적인 판단으로 행동할 때가 많아요. 예를 들어 친구와 다툰 뒤 바로 소셜미디어에 감정 섞인 글을 올리거나, 공부 계획 없이 시험 전날 밤새우는 것도 경거망동이라 할 수 있어요.

이런 행동은 나중에 후회하거나 더 큰 문제를 만들 수 있어요.

경거망동은 단순한 실수가 아니라, 생각 없이 행동한 결과예요. 그래서 어떤 선택을 하기 전에 '내가 이 행동을 왜 하려는 걸까?', '이게 나와 남에게 어떤 영향을 줄까?'를 한 번쯤 생각해보는 습관이 필요해요.

세상에는 신중하게 판단하고 차분히 행동하는 사람이 결국 더 신뢰받고 존중받는 법이에요. 급하게 굴지 말고, 조심스럽게 움직이는 사람이 더 멀리 갈 수 있답니다.

충동은 용기가 아니라 준비되지 않은 무모함이다.

– 알랭 드 보통 (Alain de Botton)

충동적으로 행동하는 것은 용감한 게 아니라, 준비가 안 된 위험한 행동이라는 뜻이에요.
그래서 어떤 일을 할 때는 미리 생각하고 준비하는 게 정말 중요하답니다.

輕	擧	妄	動
가벼울 경	들 거	망령될 망	움직일 동

이럴 때 이렇게 표현하기

→ 시험 전에 준비 없이 공부를 시작한 건 **경거망동**이었어요.

→ 화가 나서 친구에게 바로 심한 말을 한 건 **경거망동**이에요.

→ 아무 생각 없이 SNS에 글을 올리면 후회할 수 있으니 **경거망동**하지 말아야 해요.

팔짱 끼고 구경만? 그게 다야?

수수방관 袖手傍觀

소매에[袖] 손을[手] 넣고 곁에서[傍] 구경한다[觀]

91

　수수방관은 '팔짱을 끼고 옆에서 그냥 보고만 있다'는 뜻이에요. 즉, 어떤 일이 일어날 때 직접 나서서 돕거나 해결하려 하지 않고, 무심하게 지켜보기만 하는 태도를 말한답니다.

　예를 들어, 친구가 어려움을 겪고 있는데도 그냥 옆에서 보고만 있고 아무 도움을 주지 않는 상황이 이에 해당해요.

　또는 학교나 사회에서 잘못된 일이 벌어지는데도 관심을 가지지 않고 모른 척하는 경우도 수수방관이라고 할 수 있어요.

　수수방관은 책임감이 부족하다는 뜻이기도 해요. 우리가 함께 사는 사회에서는 서로 돕고 관심을 가져야 좋은 관계를 만들 수 있는데, 그냥 방관하면 문제는 더 커지고 주변 사람들도 힘들어질 수 있답니다.

　청소년 시기에는 친구나 주변 사람의 어려움을 외면하지 말고, 작은 도움이라도 주는 따뜻한 마음이 필요해요.

　가끔은 용기 내어 나서는 것이 진정한 어른으로 성장하는 첫걸음이 될 수 있답니다. 그러니 어떤 상황에서도 수수방관하지 말고 함께 해결하는 태도를 길러야 해요.

우리 모두는 이웃의 고통에 무관심할 권리가 없다.

진정한 용기는 방관하지 않고 손을 내미는 데 있다.

- 데스몬드 투투(Desmond Tutu)

주변 사람이 힘들 때 관심을 가지고 도와야 한다는 뜻이에요.

진짜 용기는 그냥 가만히 있는 게 아니라, 어려울 때 손을 내미는 행동에서 나온답니다.

袖	手	傍	觀
소매 수	손 수	곁 방	볼 관

이럴 때 이렇게 표현하기

→ 친구가 힘들어하는데도 **수수방관**만 하면 진짜 친구가 아니에요.

→ 문제가 생겼을 때 모두 **수수방관**하면 상황이 더 악화될 수 있어요.

→ **수수방관**하지 말고 작은 도움이라도 먼저 건네 보세요.

촌철살인 寸鐵殺人

한 치의[寸] 쇠로[鐵] 사람을[人] 죽인다[殺]

92

촌철살인은 '작은 칼날 하나로 사람을 죽인다'는 뜻이에요. 여기서 '촌철'은 아주 짧고 날카로운 칼을 뜻하는데, 그 작은 칼로도 사람을 치명적으로 상처 낼 수 있다는 뜻이지요.

이 말은 짧고 간결한 말이나 행동이 상대방에게 큰 영향을 줄 때 사용해요. 예를 들어, 누군가가 길게 말하지 않고도 한마디로 상대방의 약점을 정확히 짚어내거나, 핵심을 찌르는 말을 했을 때 '촌철살인'이라는 표현을 쓸 수 있어요.

청소년 생활에서도 친구들과 대화할 때 불필요하게 긴 설명 대신 한두 마디로 명확하게 전달하는 것이 중요할 때가 많아요. 또, 시험공부를 할 때도 핵심을 정확히 파악하는 능력이 필요하지요.

촌철살인은 말이나 글뿐 아니라 행동이나 태도에서도 나타날 수 있어요. 작지만 강력한 힘을 가진다는 의미로, '적게 말해도 강한 인상을 주는' 그런 태도를 가리킬 때 쓰인답니다.

강력한 말은 길이와 상관없다.

핵심을 찌르는 간결함이야말로 진정한 설득력이다.

– 윌리엄 셰익스피어 (William Shakespeare)

강한 말은 길거나 복잡할 필요가 없다는 뜻이에요.

짧고 명확하게 말하는 것이 사람들의 마음을 더 잘 움직인답니다.

寸	鐵	殺	人
마디 촌	쇠 철	죽일 살	사람 인

이럴 때 이렇게 표현하기

→ 친구의 문제를 한마디로 정확히 짚어준 말이 정말 **촌철살인**이었어요.

→ **촌철살인**으로 상대방의 약점을 정확히 짚어내는 것이 중요하다.

→ 긴 말보다 **촌철살인** 한마디가 때로는 더 큰 영향을 준다.

외손뼉은 울리지 않는다, 우리 손 맞잡자!

고장난명 孤掌難鳴

외로운[孤] 손바닥은[掌] 소리[鳴] 내기 어렵다[難]

93

고장난명은 '외손뼉은 잘 울리지 않는다'는 뜻이에요. 즉, 혼자서는 어떤 일을 이루기 어렵고, 다른 사람의 도움이나 협력이 꼭 필요하다는 뜻이지요.

청소년 때는 혼자 모든 걸 해결하려 하거나 혼자만 잘하려고 할 때가 있어요. 하지만 어떤 일들은 혼자서 할 수 없고 친구, 가족, 선생님 등 여러 사람이 함께 도와야 더 좋은 결과를 낼 수 있답니다.

예를 들어, 학교 프로젝트를 할 때 혼자서 모든 걸 다 하려 하면 힘들고, 친구들과 힘을 합쳐야 훨씬 더 좋은 결과가 나와요.

고장난명은 협력과 소통의 중요성을 알려주는 말이에요.

혼자 노력하는 것도 중요하지만, 때로는 서로 힘을 합쳐야 더 큰 일을 이룰 수 있다는 걸 기억해야 해요.

서로 돕고 의지하며 함께 나아가는 것이 우리 모두에게 큰 힘이 된답니다. 혼자서 모든 걸 해결하려고 애쓰기보다, 함께 하는 힘을 믿는 것이 진짜 지혜로운 행동이랍니다.

팀워크란 공통된 비전을 향해 함께 일하는 능력이다.

그것이 평범한 사람들이 비범한 결과를 이루게 하는 연료다.

- 앤드루 카네기(Andrew Carnegie)

팀워크란 같은 목표를 향해 함께 힘을 모으는 거라는 뜻이에요.

서로 도우며 나아갈 때, 평범한 사람들도 놀라운 결과를 만들어낼 수 있답니다.

孤	掌	難	鳴
외로울 고	손바닥 장	어려울 난	울 명

이럴 때 이렇게 표현하기

→ 혼자 아무리 열심히 해도 팀이 도와주지 않으면 **고장난명**이에요.

→ 친구와 싸움을 풀고 싶다면 둘 다 노력해야 해요. **고장난명**이니까요.

→ 함께하는 마음이 없으면 어떤 계획도 **고장난명**이 되고 말아요.

생각이 다르다고 틀린 건 아니야!

갑론을박 甲論乙駁

갑이[甲] 주장하고[論] 을이[乙] 반박하다[駁]

94

갑론을박은 '갑이 말하면 을이 반박한다'는 뜻이에요. 서로 자신의 주장이 옳다고 생각해서 치열하게 의견을 주고받는 상황을 말한답니다.

여러분도 친구들과 토론하거나 의견을 나눌 때 갑론을박을 자주 경험하지요.

예를 들어, 학교 축제 때 어떤 프로그램을 할지 결정할 때, 한쪽은 공연이 좋다고 하고, 다른 쪽은 체험 부스를 하자고 주장하는 상황이 바로 갑론을박이에요.

이런 상황이 나쁘다고만 생각할 필요는 없어요. 서로 다른 의견이 모일 때 더 나은 해결책이 나올 수도 있기 때문이에요.

갑론을박은 우리에게 말하는 법과 듣는 법, 그리고 함께 결정하는 법을 배우게 해줘요. 때로는 다툼처럼 보일 수 있지만, 서로 존중하면서 생각을 나누면 모두에게 도움이 되는 과정이 될 수 있어요.

그러니 누군가와 생각이 다를 때 피하거나 무시하지 말고, 서로의 생각을 솔직하고 예의 있게 나누어 보세요.

생각이 다르다는 것은 틀렸다는 뜻이 아니다.

서로 다른 관점을 나눌 때 더 넓은 시야를 가질 수 있다.

- 칼 세이건 (Carl Sagan)

생각이 다르다고 해서 그 사람이 틀린 건 아니라는 뜻이에요.

서로의 의견을 나누다 보면 더 넓게 보고 더 깊게 생각할 수 있게 된답니다.

甲	論	乙	駁
갑옷 갑	의논할 논(론)	새 을	얼룩말 박

이럴 때 이렇게 표현하기

→ 영화 결말에 대해 친구들과 **갑론을박**을 벌였어요.

→ 반장 선거 방식 때문에 우리 반에서 **갑론을박**이 있었어요.

→ 토론 수업 시간에 서로의 주장에 **갑론을박**이 이어졌어요.

횡설수설 橫說竪說

가로로[橫] 말하고[說] 세로로[竪] 말한다[說]

95

횡설수설은 '가로로 말하고 세로로 말한다'는 뜻이에요. 무슨 말인지 앞뒤가 안 맞고, 말이 이리저리 흩어져서 알아듣기 힘든 상황을 말한답니다.

예를 들어, 발표 시간에 준비가 안 된 상태로 올라가서 말을 더듬거나 주제가 자꾸 바뀌면 친구들이 무슨 말인지 이해하기 어려워요.

청소년 시기에는 말하는 능력도 점점 자라나는 중이라, 종종 생각을 정리하지 못한 채 말할 때가 있어요. 그럴수록 평소에 말하기 연습을 하거나, 이야기하려는 내용을 머릿속으로 한 번 정리해보는 습관이 필요하답니다.

또, 솔직하지 못하거나 책임을 피하려고 둘러댈 때도 횡설수설하게 되기 쉬워요. 이럴 때는 오히려 솔직하고 침착하게 말하는 것이 더 신뢰를 줄 수 있어요.

횡설수설은 조리 없이 말을 하거나 중심이 없는 이야기를 할 때 쓰는 말이에요. 생각을 잘 정리하고, 또박또박 말하는 연습을 통해 '말 잘하는 사람'으로 성장해 보세요!

생각이 정리되지 않은 말은,

듣는 이의 머리도 복잡하게 만든다.

– 랄프 왈도 에머슨 (Ralph Waldo Emerson)

생각이 정리되지 않은 채 말하면, 듣는 사람도 혼란스러워진다는 뜻이에요.

말하기 전에 먼저 내 생각을 차분히 정리하면, 더 정확하게 잘 전달할 수 있답니다.

橫	說	竪	說
가로 횡	말씀 설	더벅머리 수	말씀 설

이럴 때 이렇게 표현하기

→ 발표 준비를 안 해서 말이 계속 **횡설수설**이었어요.

→ 거짓말을 하다 보니 점점 **횡설수설**하게 되었어요.

→ 너무 긴장해서 무슨 말을 하는지 저도 모르겠고, 완전 **횡설수설**이었어요.

막다른 골목, 그래도 방법은 있다!

궁여지책 窮餘之策

궁한[窮] 나머지[餘] 내는 꾀[策]

96

궁여지책은 '막다른 상황에서 어쩔 수 없이 짜낸 마지막 수단'이라는 뜻이에요. 너무 궁해져서 다른 방법이 없을 때 겨우 생각해낸 대책이라는 의미랍니다.

우리도 살다 보면 어떤 상황에서는 선택할 수 있는 길이 거의 없을 때가 있어요.

예를 들어, 시험 준비를 미루다가 하루 전날 밤을 새우며 공부하는 것도 일종의 궁여지책이에요. 미리 준비하지 못했기 때문에 어쩔 수 없이 선택한 방법이지요.

궁여지책은 무조건 나쁘다는 뜻은 아니지만, 대부분 임시방편이기 때문에 오래가는 해결책은 되기 어려워요. 그래서 평소에 미리 준비하고 계획하는 습관을 갖는 것이 중요하답니다.

청소년인 우리에게는 아직 실수할 수도 있고, 급한 상황도 자주 생기지만, 그럴수록 '궁여지책'보다는 차근차근 준비한 '최선의 선택'을 할 수 있도록 노력해야 해요.

문제가 생겼을 때 즉시 해결책을 찾지 못하더라도,

좌절하지 말고 끈기 있게 여러 가지 방법을 시도하는 것이 중요하다.

– 알버트 아인슈타인(Albert Einstein)

문제가 바로 해결되지 않아도 포기하지 말고, 여러 가지 방법을

차근차근 시도하는 것이 중요해요. 꾸준히 노력하면 결국 길이 보인답니다.

窮	餘	之	策
다할 궁	남을 여	갈 지	꾀 책

이럴 때 이렇게 표현하기

→ 막히는 문제에 부딪혀 **궁여지책**으로 임시방편을 썼다.

→ 계획이 실패하자 그는 **궁여지책**으로 다른 방법을 찾아냈다.

→ 시간이 없을 때는 **궁여지책**이라도 써야 한다.

용의주도 用意周到

마음을[意] 써서[用] 두루[周] 미치다[到]

용의주도는 '준비를 철저하고 꼼꼼하게 하는 것'을 뜻해요. 무슨 일을 하든 미리 잘 계획하고, 빠뜨리는 부분 없이 꼼꼼하게 챙기는 자세를 말한답니다.

예를 들어, 학교에서 발표를 할 때 자료를 미리 준비하고, 예상 질문도 생각해보며 연습하는 것이 바로 용의주도한 행동이에요. 이런 준비가 잘 되어 있으면 당황하지 않고 자신 있게 발표할 수 있지요.

또한 친구들과 약속을 할 때도 시간을 정확히 맞추고 필요한 물건을 미리 챙기는 것도 용의주도한 모습이에요.

청소년 시기에는 여러 가지 새로운 경험과 도전이 많기 때문에, 용의주도한 태도가 더욱 필요해요. 미리 준비하는 습관을 들이면 어떤 상황에서도 차분하고 능숙하게 대처할 수 있답니다.

그래서 우리는 항상 계획을 세우고, 세심하게 준비하는 노력을 해야 해요. 준비된 자에게 행운이 찾아온다는 말도 있듯이, 용의주도를 통해 자신감을 키워 보세요!

미래는 오늘의 준비에서 비롯된다.

계획 없이 행동하는 자는 실패를 준비하는 것이다.

– 벤저민 프랭클린 (Benjamin Franklin)

미래의 성공은 지금 얼마나 잘 준비하느냐에 달려 있어요. 계획 없이 그냥 행동하면
실패할 가능성이 커지니, 미리 계획하는 습관을 가지는 게 중요하답니다.

用	意	周	到
쓸 용	뜻 의	두루 주	이를 도

이럴 때 이렇게 표현하기

→ 시험을 위해 **용의주도**하게 계획을 세우고 공부했다.

→ 발표 전에 자료를 꼼꼼히 준비하는 모습이 정말 **용의주도**했다.

→ 여행 준비를 **용의주도**하게 해서 불편함 없이 다녀왔다.

호사다마 好事多魔

좋은[好] 일에는[事] 마귀가[魔] 많다[多]

98

호사다마는 '좋은 일에는 방해나 어려움이 따르기 쉽다'는 뜻이에요. 즉, 좋은 일이 생길 때 뜻밖의 문제가 생기거나 작은 어려움이 찾아올 수 있다는 의미랍니다.

예를 들어, 학교에서 큰 상을 받았을 때 기쁘지만, 그만큼 친구들의 질투나 부담감이 생길 수도 있어요. 이런 상황에서 마음을 잘 다스리고 침착하게 대처하는 것이 중요해요.

청소년 시기에는 공부, 운동, 친구 관계 등 좋은 일이 생기면 동시에 예상치 못한 문제도 생기기 마련이에요. 호사다마는 그런 순간에 좌절하지 말고, 오히려 더 강해지라는 뜻으로 받아들이면 좋아요.

좋은 일이 있을 때마다 어려움도 함께 오는 건 자연스러운 일이니, 당황하지 말고 차분하게 해결 방법을 찾아가야 한답니다. 이렇게 어려움을 잘 극복하면 더 큰 성취감을 느낄 수 있어요.

그러니 호사다마라는 말을 기억하며, 좋은 일이 생겨도 늘 조심하고 신중하게 행동하는 습관을 기르는 것이 필요해요. 그럼 작은 문제도 넘기며 더 큰 행복을 누릴 수 있답니다.

행복과 고통은 함께 온다.

진정한 삶은 그 두 가지를 모두 받아들이는 것이다.

- 칼 구스타프 융 (Carl Gustav Jung)

행복한 순간이 있으면 어려운 순간도 함께 찾아온다는 뜻이에요.

진짜 멋진 삶은 기쁨과 슬픔을 모두 인정하고 받아들이는 거랍니다.

好	事	多	魔
좋을 호	일 사	많을 다	마귀 마

이럴 때 이렇게 표현하기

→ 좋은 성적을 받았지만, 친구와 작은 다툼이 생겨서 정말 **호사다마**였어요.

→ 발표를 잘했지만 긴장해서 손이 떨린 건 **호사다마**인 것 같아요.

→ 축구 시합에서 이겨서 기뻤지만, 다리에 부상을 입어 **호사다마**였어요.

나 혼자 싸운다, 오늘도 고군분투!

고군분투 孤軍奮鬪

외로운[孤] 군대가[軍] 떨치며[奮] 싸운다[鬪]

고군분투는 '혼자 힘으로 외롭게 싸운다'는 뜻이에요. 즉, 도움을 받지 못하거나 혼자서 어려운 상황에 맞서 열심히 노력하는 모습을 말한답니다.

우리 생활에서도 고군분투하는 순간이 많아요. 예를 들어, 친구들이 모두 포기한 과제를 혼자서 끝내려고 애쓰는 경우가 그렇지요.
또는 팀 활동에서 혼자 맡은 역할을 최선을 다해 해내려 할 때도 고군분투라고 할 수 있어요.

청소년 시기에는 어려운 일이나 힘든 상황이 많지만, 혼자서 포기하지 않고 끝까지 노력하는 마음이 중요해요. 비록 외롭고 힘들더라도 스스로를 믿고 도전하는 모습이 바로 고군분투랍니다.
때로는 도움을 요청하는 것도 필요하지만, 스스로 문제를 극복하려는 노력은 우리를 한층 더 성장하게 만들어줘요. 고군분투하는 경험은 자신감을 키우고, 어떤 어려움도 이겨낼 수 있는 힘이 되어줍니다.

206

혼자라는 이유로 포기하지 마라.

세상에서 가장 강한 사람은, 아무도 없이도 끝까지 해내는 사람이다.

- 프리드리히 니체 (Friedrich Nietzsche)

혼자라는 이유만으로 포기하지 말고, 스스로 해내려는 마음이 중요하다는 뜻이에요.
정말 강한 사람은 도움 없이도 끝까지 노력해 나아가는 사람이랍니다.

孤	軍	奮	鬪
외로울 고	군사 군	떨칠 분	싸움 투

이럴 때 이렇게 표현하기

→ 친구들 도움 없이 혼자 준비하느라 정말 **고군분투**했어요.

→ 아무도 도와주지 않아서 혼자 **고군분투**하며 발표를 마쳤어요.

→ 힘들지만 포기하지 않고 **고군분투** 중이에요.

고생 끝, 행복 시작!

고진감래 苦盡甘來

쓴[苦] 것이 다하면[盡] 단[甘] 것이 온다[來]

100

고진감래는 '쓴 고생이 다 끝나면 달콤한 행복이 온다'는 뜻이에요. 어려운 일을 견디고 나면 결국 좋은 결과나 즐거운 순간이 찾아온다는 의미랍니다.

우리 삶에서도 이런 경험을 많이 해요. 예를 들어, 힘들게 공부하고 시험을 잘 보면 기쁨과 보람을 느끼잖아요? 이처럼 고진감래는 노력과 인내가 결국은 좋은 결과로 이어진다는 희망의 메시지예요.

청소년 시기는 공부, 친구 관계, 운동 등 여러 어려움이 많지만, 이 모든 고생이 언젠가 달콤한 성취로 바뀔 수 있다는 걸 기억해야 해요. 힘든 순간에도 포기하지 않고 노력하는 자세가 중요하답니다.

또, 실패하거나 힘든 일이 있을 때도 좌절하지 말고 '고진감래'라는 말을 떠올리면 마음에 큰 힘이 될 거예요. 인내와 노력은 결국 우리를 더 단단하게 만들어 줍니다.

그래서 어떤 어려움 앞에서도 희망을 잃지 말고 꾸준히 나아가는 것이 필요해요. 고진감래의 정신으로 우리 모두 힘내서 멋진 미래를 만들어가 보아요!

우리가 겪는 고통은 지나갈 것이다.

그리고 그것이 지나간 후에 우리는 더 강해진 자신을 발견하게 될 것이다.

- 로버트 H. 슐러 (Robert H. Schuller)

힘든 고통도 결국에는 지나가고, 그 뒤에는 더 강하고 멋진 내가 있을 거예요.

그러니 지금 어려워도 포기하지 말고 견뎌내는 것이 중요해요.

苦	盡	甘	來
쓸 고	다할 진	달 감	올 래

이럴 때 이렇게 표현하기

→ 힘든 공부를 견뎌내니 시험에서 좋은 결과를 얻어 **고진감래**였어요.

→ 운동할 때 많이 아팠지만 꾸준히 하니 건강해져서 **고진감래**를 느꼈어요.

→ 아르바이트로 힘들었지만, 돈을 모으고 나니 **고진감래**를 느꼈어요.

작지만 존재감은 확실해!

창해일속 滄海一粟

넓은[滄] 바다[海]에 한 알의[一] 좁쌀[粟]

101

창해일속은 '넓고 큰 바다에 떠 있는 한 알의 좁쌀'이라는 뜻이에요. 즉, 매우 크고 방대한 것에 비해 아주 작고 하찮은 존재라는 의미랍니다.

예를 들어, 우주나 세상의 넓이를 생각하면 우리 한 사람 한 사람은 그저 작은 존재일 뿐이지요. 이처럼 자신이 아주 작고 미미한 존재임을 깨닫는 마음을 표현할 때 창해일속이라는 말을 씁니다.

청소년 시기에는 자기 자신이 세상에서 얼마나 큰 의미가 있을지 고민할 때가 많아요.

하지만 창해일속은 우리가 겸손해야 할 이유를 알려줘요. 세상이 워낙 크고 넓으니 스스로를 과대평가하지 말고, 더 배우고 성장하려는 마음을 가지라는 뜻입니다.

또한, '작은 존재라도 모여서 큰 변화를 만들 수 있다'는 생각도 함께 기억하면 좋아요. 한 알의 좁쌀처럼 작지만, 우리 모두가 함께하면 세상을 바꾸는 힘이 되니까요.

이 말을 마음에 새기며 자신과 세상을 넓게 바라보는 태도를 키워 보길 바랍니다.

세상을 바라보면, 나는 그저 작은 점 하나일 뿐이다.

하지만 그 점에도 의미는 있다.

- 헬렌 켈러 (Helen Keller)

세상은 정말 넓고 나는 아주 작은 존재처럼 느껴질 수 있어요.

하지만 그 작은 나에게도 분명한 의미와 소중한 역할이 있다는 걸 잊지 말아야 해요.

滄	海	一	粟
큰 바다 창	바다 해	한 일	조 속

이럴 때 이렇게 표현하기

→ 광활한 우주 속에 인간은 그야말로 **창해일속**이에요.

→ 많은 지원자 중 나는 마치 **창해일속** 같았지만, 포기하지 않았어요.

→ 세계를 여행하며 내가 얼마나 **창해일속**인지 느꼈어요.

흥진비래 興盡悲來

즐거운 일이[興] 다하면[盡] 슬픈 일이[悲] 온다[來]

102

흥진비래는 '기쁨이 다하면 슬픔이 온다'는 뜻이에요.

아무리 즐겁고 좋은 순간이라도, 그것이 영원히 계속되지는 않는다는 걸 알려주는 말이랍니다.

인생은 언제나 기쁨과 슬픔이 번갈아 오고 가는 흐름 속에 있어요.

예를 들어 친구들과 놀다가 헤어질 때 느껴지는 아쉬움이나, 오랫동안 기다리던 방학이 끝날 때의 허전함도 '흥진비래'의 한 모습이에요.

그렇다고 해서 기쁨을 두려워할 필요는 없어요. 오히려 그 순간을 더 소중히 여기고, 지나간 슬픔도 받아들이는 마음이 필요하답니다.

이 사자성어는 우리에게 감정은 흘러가는 것이라는 걸 가르쳐줘요. 기쁨이 지나가면 슬픔이 올 수도 있지만, 슬픔이 지나가면 다시 기쁨도 온다는 말이기도 해요.

그러니 지금의 감정에 휘둘리기보다는, 흐름을 이해하고 기다릴 줄 아는 어른스러운 마음을 가져보는 건 어떨까요?

인생은 롤러코스터와 같다. 때로는 올라가고, 때로는 내려간다.

중요한 것은 그 여정을 즐기는 것이다.

– 월트 디즈니 (Walt Disney)

인생은 롤러코스터처럼 기쁨과 슬픔이 번갈아 찾아오는 거예요.

중요한 건 그 변화에 너무 흔들리지 말고, 지금 이 순간을 즐기는 마음이랍니다.

興	盡	悲	來
일 흥	다할 진	슬플 비	올 래

이럴 때 이렇게 표현하기

→ 방학이 끝나고 학교에 가려니, **흥진비래**가 딱 떠올랐어요.

→ 너무 신나게 놀았더니 다음 날 피곤해서, **흥진비래**라는 말이 생각났어요.

→ 시험 끝났다고 좋아했는데 성적 보고 슬퍼졌어요. 이게 바로 **흥진비래**예요.

말 같지도 않은 소리, 진짜 믿어야 하나요?

지록위마 指鹿爲馬

사슴을[鹿] 가리켜[指] 말이라고[馬] 한다[爲]

103

지록위마는 '사슴을 가리켜 말이라고 한다'는 뜻이에요. 눈에 보이는 진실이 있는데도 권력이나 이익 때문에 거짓을 사실처럼 말하는 행동을 비판하는 말이랍니다.

이 고사는 중국 진나라 때 조고라는 사람이 권력을 시험하려고, 사슴을 데려와서 "이건 말이다"라고 우기며 황제와 신하들의 반응을 살핀 데서 유래했어요. 그 말을 믿는 사람과 믿지 않는 사람을 가려내기 위한 거였죠.

요즘에도 사실을 왜곡하거나, 다수의 힘으로 거짓을 진실처럼 만들려고 할 때 이 말을 쓸 수 있어요.
예를 들어 친구 사이에서 분명 잘못한 사람이 있는데도 인기 있는 친구라서 아무도 말 못 할 때, 지록위마 같은 상황일 수 있어요.

진실을 외면하고 거짓에 침묵하면, 결국 모두가 피해를 보게 된답니다. 용기 있게 올바름을 말할 수 있는 사람이 진짜 멋진 사람이에요.

진실을 말하는 데 두려움을 느끼지 마라.

거짓에 가려진 세상은 오래가지 못한다.

- 넬슨 만델라 (Nelson Mandela)

진실을 말하는 것은 용기가 필요한 일이에요.

하지만 거짓이 세상을 덮어도 결국 진실은 드러나기 마련이랍니다.

指	鹿	爲	馬
손가락 지	사슴 록	할 위	말 마

이럴 때 이렇게 표현하기

→ 친구들이 모두 거짓말을 믿으니, 이게 바로 **지록위마** 상황이었어요.

→ 사장은 분명히 잘못했는데, 권력 때문에 아무도 말하지 않으니
 지록위마 같았어요.

→ 거짓을 진실인 양 우기는 모습이 바로 **지록위마**예요.

사고무친 四顧無親

사방을[四] 둘러보아도[顧] 친한[親] 사람이 없다[無]

104

사고무친은 '네 방향을 둘러봐도 친한 사람이 없다'는 뜻이에요.

즉, 주변에 의지할 사람이 전혀 없고 혼자 외롭게 느껴지는 상황을 말한답니다.

이 말은 고대 중국에서 온 이야기인데, 어떤 사람이 어려움에 처했을 때 도와줄 사람이나 친구가 없어 힘들었던 장면에서 비롯되었어요.

우리도 가끔은 친구도 없고, 가족도 멀게 느껴져서 마음이 외로울 때가 있죠. 그런 순간에 '사고무친'이라는 말을 떠올릴 수 있답니다.

하지만 외롭다고 해서 포기하지 말고, 조금씩 주변을 둘러보며 마음을 열면 새로운 친구나 도움의 손길이 나타날 거예요.

이 사자성어는 혼자라고 느낄 때 더욱 용기 내라는 뜻도 담고 있답니다. 인생에서 힘들 때도 혼자가 아니라는 걸 기억하면 좋겠어요.

가장 외로운 사람은 수많은 사람들 속에 있으면서도

아무와도 연결되지 않은 사람이다.

- 헨리 데이비드 소로우 (Henry David Thoreau)

사람이 많아도 마음이 통하지 않으면 외롭다고 느낄 수 있어요.

진짜 친구는 숫자가 아니라 서로 마음을 나누는 사람이라는 걸 기억하면 좋답니다.

四	顧	無	親
넉 사	돌아볼 고	없을 무	친할 진

이럴 때 이렇게 표현하기

→ 혼자라서 **사고무친**인 기분이 들었어요.

→ 주변에 믿을 사람이 없어 **사고무친**을 느꼈답니다.

→ 어려울 때 의지할 곳이 없어서 **사고무친**이 생각났어요.

전무후무 前無後無

앞에도[前] 없고[無]뒤에도[後]없다[無]

105

'전무후무'는 앞에도 없었고, 뒤에도 없을 만큼 아주 특별하다는 뜻이에요. 다시 말해, 그만큼 뛰어나거나 독보적인 일이나 사람을 표현할 때 쓰는 말이랍니다.

예를 들어 올림픽에서 여러 종목을 석권한 선수나, 역사에 길이 남을 명연기를 펼친 배우가 있다면 "정말 전무후무한 기록이다"라고 말할 수 있어요.

우리 일상에서도 이런 말이 쓰일 수 있어요.

예를 들어 친구 생일에 정말 감동적인 이벤트를 준비했을 때, "이건 전무후무한 생일이야!"라고 말하면 아주 특별하다는 뜻이 되지요.

전무후무는 남들과 비교하지 않고 자신만의 멋을 만들었을 때 주어지는 말이에요. 꼭 유명하지 않아도 괜찮아요. 자신만의 색깔로 빛나는 순간이 있다면, 그건 누구에게도 없는 전무후무한 경험이 될 수 있답니다.

누군가를 따라 하기보다, 나만의 특별함을 만들어보는 건 어떨까요? 어쩌면 여러분도 '전무후무한 존재'일지 몰라요.

길이 있는 곳으로 가지 말고,

길이 없는 곳으로 가서 발자취를 남겨라.

- 랄프 왈도 에머슨 (Ralph Waldo Emerson)

남들이 다 가는 길이 아니라, 나만의 새로운 길을 만들어보라는 말이에요.

비록 쉽지는 않더라도, 그 도전이 여러분만의 특별한 흔적이 될 수 있답니다.

前	無	後	無
앞 전	없을 무	뒤 후	없을 무

이럴 때 이렇게 표현하기

→ 이번 무대는 진짜 **전무후무**한 공연이었어요.

→ 친구가 준비한 생일 이벤트는 **전무후무**할 만큼 감동이었어요.

→ 그 선수의 기록은 앞으로도 깨기 힘든 **전무후무**한 결과예요.

좋은 타이밍엔 망설임 금지!

물실호기 勿失好機

좋은[好] 기회를[機] 놓치지[失] 말라[勿]

106

물실호기는 '좋은 기회를 놓치지 말라'는 뜻이에요. 인생에는 가끔 아주 중요한 순간이 찾아오는데, 그때 용기 있게 행동해야 후회하지 않는다는 의미랍니다.

우리 일상에서도 이런 기회는 자주 나타나요. 발표를 자원할지 말지 망설일 때, 누군가에게 고마운 말을 전할까 고민할 때, 또는 새로운 도전을 앞두고 마음이 흔들릴 때 말이에요.

그런 순간에 '물실호기'를 떠올리면 좋아요. 준비는 안 됐더라도, 지금이 아니면 다시는 못할 수도 있는 찬스니까요. 기회를 잡는 건 늘 완벽해서가 아니라, 마음먹는 데서 시작된답니다.

실패가 두려워 망설이다가 기회를 놓치면, 나중에 더 큰 아쉬움이 남을 수 있어요. 그래서 때로는 부족해도 도전해보는 용기가 필요해요.

여러분이 오늘 맞이한 작은 기회 하나가, 내일의 큰 변화를 만들 수 있어요.

그러니 자신을 믿고, 좋은 기회가 왔을 때는 망설이지 말고 한 걸음 내딛어보세요. 물실호기, 꼭 기억해두세요!

220

기회는 한 번 왔다가 다시는 돌아오지 않을 수도 있다.

그 순간을 잡는 것이 용기다.

- 나폴레옹 보나파르트 (Napoleon Bonaparte)

기회는 항상 기다려주지 않기 때문에 망설이다 놓칠 수도 있어요.

용기를 내어 그 순간을 붙잡는 것이 성장의 시작이랍니다.

勿	失	好	機
말 물	잃을 실	좋을 호	베틀 기

이럴 때 이렇게 표현하기

→ 이번 발표 기회는 꼭 잡아야 해요, **물실호기**니까요.

→ 망설이다가 신청 마감됐어요. 완전 **물실호기**였죠.

→ 마음만 먹고 행동하지 않으면, 결국 **물실호기**가 되고 말아요.

전도유망 前途有望

앞[前]길에[途] 희망이[望] 있다[有]

107

전도유망은 '앞으로의 길이 밝고 희망차다'는 뜻이에요. 쉽게 말해, 지금은 아직 시작 단계이지만 앞으로 크게 성공하거나 좋은 일이 있을 가능성이 크다는 의미랍니다.

우리 주변에서 공부를 열심히 하거나 꿈을 향해 노력하는 친구들을 보면 '전도유망하다'고 말할 수 있어요. 또 어떤 회사나 기술이 앞으로 발전할 가능성이 높을 때도 쓰인답니다.

청소년인 여러분도 지금은 부족해 보여도, 꾸준히 노력하고 배운다면 분명히 '전도유망'한 미래를 만들 수 있어요. 중요한 건 포기하지 않고 자신을 믿는 마음이에요.

때로는 실패나 어려움이 있어도 그것이 끝이 아니니 걱정하지 말아요. 앞으로 펼쳐질 무한한 가능성을 믿고 한 걸음씩 나아가면, 여러분의 앞길은 분명히 밝답니다.

'전도유망'이라는 말처럼, 여러분 모두가 빛나는 미래를 만들어갈 주인공이에요. 자신감을 가지고 꿈을 향해 나아가 보세요!

위대한 일을 성취하려면 두 가지를 해야 한다.

첫째, 자신의 능력을 믿고,

둘째, 그 능력을 믿는 만큼 행동하라.

– 헨리 포드 (Henry Ford)

자신의 능력을 믿는 것은 꿈을 이루는 첫걸음이에요.

그리고 믿음만으로 끝내지 말고, 그만큼 행동해야 진짜 결과가 나온답니다.

前	途	有	望
앞 전	길 도	있을 유	버릴 망

이럴 때 이렇게 표현하기

→ 그는 공부도 열심히 하고 태도도 좋아서 정말 **전도유망**한 학생이에요.

→ 이번 대회에서 좋은 성적을 거둔 친구는 앞으로도 **전도유망**할 거예요.

→ 열심히 준비한 너의 노력은 분명 **전도유망**한 미래로 이어질 거예요.

철두철미 徹頭徹尾

머리부터[頭] 꼬리까[尾] 통하다[徹]

108

철두철미는 '처음부터 끝까지 빠짐없이 철저하다'는 뜻이에요. 즉, 어떤 일을 시작하면 중간에 대충하지 않고 끝까지 꼼꼼하고 성실하게 해내는 모습을 말한답니다.

예를 들어 숙제를 할 때, 계획만 세우고 대충 마무리하는 대신 처음부터 끝까지 꼼꼼히 확인하고 완성하면 '철두철미하게 했다'고 할 수 있어요.

학교 프로젝트나 운동 경기에서도 준비부터 마무리까지 최선을 다하는 친구들이 있는데, 그런 태도가 바로 '철두철미'예요.

이 말은 단순히 노력만 의미하는 것이 아니라, 꾸준함과 책임감을 함께 담고 있어요. 마지막까지 포기하지 않고 끝을 보는 자세가 중요하다는 뜻이랍니다.

철두철미한 태도는 친구나 선생님에게 신뢰를 주고, 자신의 실력도 크게 향상시켜 준답니다. 앞으로 어떤 일을 하든 '철두철미'를 기억하며 최선을 다해 보세요!

일의 완성은 처음부터 끝까지 포기하지 않고

세심하게 신경 쓴 결과물이다.

- 레오나르도 다 빈치 (Leonardo da Vinci)

어떤 일을 할 때는 처음부터 끝까지 꼼꼼하게 최선을 다하는 것이 중요해요.

중간에 포기하지 않고 꾸준히 노력해야 멋진 결과를 만들 수 있답니다.

徹	頭	徹	尾
통할 철	머리 두	통할 철	꼬리 미

이럴 때 이렇게 표현하기

→ 그는 숙제를 **철두철미**하게 해서 항상 좋은 점수를 받았어요.

→ 프로젝트를 **철두철미**하게 준비한 덕분에 발표가 성공적이었어요.

→ **철두철미**한 계획 덕분에 운동 대회에서 우승할 수 있었어요.

선견지명 先見之明

먼저[先] 보는[見] 밝음[明]

109

선견지명은 '먼저 보고 미리 알다'라는 뜻이에요. 쉽게 말해, 아직 일이 일어나지 않았는데도 어떤 일이 벌어질지 미리 예측하는 능력을 말한답니다.

예를 들어, 친구가 시험공부를 미루다가 나중에 후회할 걸 미리 알고 미리 준비하라고 조언하는 것도 선견지명이라고 할 수 있어요.

또는 어떤 기업이 앞으로 유망할 분야에 미리 투자해서 성공하는 경우도 선견지명을 가진 사람들의 행동이죠.

이 말은 단순히 운이 좋은 게 아니라, 상황을 잘 관찰하고 생각하는 힘에서 나온답니다. 선견지명이 있는 사람은 미래를 위해 준비하고 대비할 수 있어요.

여러분도 지금 당장은 어렵고 힘들어 보여도, 미래를 생각하며 계획을 세우고 행동한다면 분명 선견지명을 가진 사람이 될 수 있답니다.

미래를 내다보고 현명하게 행동하는 힘, 바로 '선견지명'을 길러 나가길 바랄게요!

과거를 돌아보지 않는 자는 같은 실수를 반복하고,

미래를 대비하지 않는 자는 발전할 수 없다.

– 조지 산타야나 (George Santayana)

과거의 실수를 배우지 않으면 같은 잘못을 다시 할 수 있어요.

또 미래를 준비하지 않으면 더 나아갈 기회를 놓치게 된답니다.

先	見	之	明
먼저 선	볼 견	갈 지	밝을 명

이럴 때 이렇게 표현하기

→ 그 친구는 앞으로 유망한 분야를 미리 알고 준비하는 **선견지명**이 있었어요.

→ 선생님은 문제점을 미리 예상하고 대책을 세우는 **선견지명**이 뛰어나세요.

→ 성공한 사람들은 항상 미래를 내다보는 **선견지명**을 갖고 있답니다.

심은 대로 거두는 농부의 법칙!

자업자득 自業自得

자기가[自] 한 일을[業] 자기가[自] 얻는다[得]

자업자득은 '자신이 한 일의 결과를 스스로 받는다'는 뜻이에요. 쉽게 말해, 좋은 일을 하면 좋은 결과가 오고, 나쁜 행동을 하면 그에 맞는 결과를 겪는다는 의미랍니다.

예를 들어, 시험공부를 열심히 한 친구는 좋은 점수를 받고, 반대로 공부를 하지 않은 친구는 기대 이하의 결과를 받는 상황을 생각해 볼 수 있어요.

이 말은 우리가 하는 모든 행동이 결국 자신에게 돌아온다는 중요한 교훈을 담고 있어요.

좋은 선택과 노력은 좋은 결과를 만들고, 나쁜 습관이나 행동은 자신에게 불리한 결과를 가져온답니다.

그래서 어떤 일을 할 때는 항상 책임감을 가지고 신중하게 행동하는 것이 중요해요. 자신이 한 만큼 결과를 받는다는 것을 잊지 말아야 한답니다.

'자업자득'이라는 말을 기억하며, 좋은 행동과 노력을 통해 행복하고 긍정적인 결과를 만들어 나가길 바랄게요!

내가 뿌린 씨앗을 내가 거두지 않으면,

결국 내 손으로 심은 나무 그늘도 누릴 수 없다.

- 존 러스킨 (John Ruskin)

내가 한 행동의 결과는 결국 나에게 돌아온다는 뜻이에요.

좋은 씨앗을 뿌려야 좋은 열매를 거둘 수 있으니 항상 신중해야 한답니다.

自	業	自	得
스스로 자	업 업	스스로 자	얻을 득

이럴 때 이렇게 표현하기

→ 공부를 하지 않아 시험에 떨어진 건 **자업자득**이에요.

→ 친구에게 거짓말한 일이 결국 들킨 건 **자업자득**이죠.

→ 열심히 준비한 대회에서 상을 받은 건 **자업자득**이랍니다.

너도 힘들었구나!... 나도 그랬어!

동병상련 同病相憐

같은[同] 병을[病] 앓는 사람끼리 서로[相] 불쌍히[憐] 여긴다

111

동병상련은 '같은 병을 앓는 사람들이 서로를 불쌍히 여긴다'는 뜻이에요.

쉽게 말해, 비슷한 아픔이나 어려움을 겪어본 사람끼리는 서로의 마음을 더 잘 이해하고 공감한다는 말이랍니다.

예를 들어, 친구와 둘 다 발표 실수를 해서 속상할 때, 서로의 기분을 더 잘 이해하고 위로해 줄 수 있어요.

또는 힘든 시험을 같이 겪은 친구끼리는 말하지 않아도 마음이 통하죠. 이런 상황에서 '동병상련'이라는 말을 쓸 수 있어요.

이 사자성어는 우리에게 공감과 따뜻한 배려의 중요성을 알려줘요. 나와 다른 사람의 어려움을 무시하지 말고, 나도 언젠가 겪을 수 있다는 마음으로 서로를 보살피면 좋겠지요.

힘든 일이 생겼을 때, 내 곁에서 진심으로 위로해주는 친구가 있다면 얼마나 큰 힘이 될까요? 그런 친구가 되어주는 것도 멋진 일이랍니다.

'동병상련', 이 말처럼 우리도 서로의 아픔에 마음을 기울이는 따뜻한 사람이 되어 봐요.

230

상처는 우리를 연결해주는 다리가 될 수 있다.

같은 상처를 지닌 이들은 서로를 더 따뜻하게 안아준다.

- 브레네 브라운 (Brené Brown)

비슷한 아픔을 겪어본 사람들끼리는 서로의 마음을 더 잘 이해할 수 있어요.

그 공감이 서로를 위로하고, 더 가까워지게 만들어 준답니다.

同	病	相	憐
같을 동	병 병	서로 상	불쌍히 여길 련

이럴 때 이렇게 표현하기

→ 발표 실수한 친구를 보니 예전 내 모습 같아서 **동병상련**이 느껴졌어요.

→ 나도 시험 망쳐봤기에 친구의 속상한 마음에 **동병상련**했어요.

→ 같은 고민을 겪는 친구와 이야기하니 **동병상련**으로 위로가 되었어요.

잘난 척도 정도껏!

안하무인 眼下無人

눈[眼] 아래에[下] 사람이[人] 없다[無]

112

안하무인은 한자로 '눈 아래에 사람이 없다'는 뜻이에요. 쉽게 말해, 다른 사람을 전혀 존중하지 않고 무시하며 자기 잘난 맛에 사는 태도를 말한답니다.

예를 들어, 친구들이 함께 모여 의견을 나누고 있는데 혼자만 자기 말이 무조건 맞다며 남의 이야기를 듣지 않는 사람이 있다면, 그건 안하무인의 태도예요.

이런 행동은 처음엔 잘난 척처럼 보일 수 있지만, 시간이 지나면 친구들의 마음이 멀어지고 결국 혼자 남게 될 수 있어요. 아무리 똑똑하고 재능이 있어도 겸손과 배려가 없으면 사람들과 어울리기 힘들답니다.

진짜 멋진 사람은 다른 사람의 말을 귀 기울여 듣고, 자신의 생각을 강요하지 않아요. 함께 어울리며 서로의 다름을 인정하고 존중하는 태도가 중요해요.

'안하무인'이라는 말을 들을 정도로 행동하지 않도록, 우리 모두가 겸손함과 존중의 마음을 잊지 않았으면 좋겠어요.

다른 사람을 존중할 줄 아는 사람이 진짜 어른이랍니다!

겸손한 사람은 누구에게서든 배울 준비가 되어 있지만,

거만한 사람은 자신밖에 보지 못한다.

- 존 칼빈 (John Calvin)

겸손한 사람은 누구에게시니 배우려는 마음을 가지고 있어요.

반면 거만한 사람은 자기 생각만 믿어 다른 사람의 소중한 말을 놓치곤 한답니다.

眼	下	無	人
눈 안	아래 하	없을 무	사람 인

이럴 때 이렇게 표현하기

→ 그는 친구들 앞에서 항상 **안하무인** 태도를 보여서 친구들이 싫어해요.

→ 시험 잘 봤다고 거만하게 행동하는 것은 **안하무인**이에요.

→ 친구 의견을 무시하는 모습이 **안하무인** 같았어요.

기고만장 氣高萬丈

기운이[氣] 만[萬] 장[丈] 높다[高]

113

기고만장은 '기운이 높고 가득 차서 끝이 없다'는 뜻으로, 자신감이나 자부심이 하늘을 찌를 정도로 매우 크고 넘치는 상태를 말해요.

이 사자성어는 주로 누군가가 자신의 능력이나 위치를 지나치게 과신하여, 마치 모든 것을 다 할 수 있을 것처럼 태도가 거만하고 으스대는 모습을 표현할 때 사용합니다.

예를 들어, 시험을 잘 봤다고 너무 자만하거나 친구를 무시하는 태도를 보일 때 "기고만장하다"라고 말할 수 있어요.

하지만 지나친 기고만장은 주변 사람들과의 관계를 해칠 수 있으므로 주의해야 합니다.

겸손한 마음을 잃지 않고, 자신감과 겸손의 균형을 맞추는 것이 중요합니다.

청소년 시기에는 특히 자신을 돌아보고 진짜 실력을 키우는 데 힘쓰는 것이 더 바람직하답니다.

그러니 '기고만장'한 태도를 경계하며, 언제나 배움의 자세를 잊지 말아야 합니다.

과도한 자신감은 눈먼 돌진과 같다.

겸손과 자기 성찰 없이 나아가면 반드시 벽에 부딪힌다.

- 앙드레 지드(André Gide)

과도한 자신감은 준비 없이 무작정 달려가는 것과 같아 실패할 위험이 큽니다.

그래서 언제나 겸손하게 자신을 돌아보고 배움의 자세를 잃지 않는 것이 중요해요.

氣	高	萬	丈
기운 기	높을 고	일만 만	어른 장

이럴 때 이렇게 표현하기

→ 시험을 잘 봤다고 친구들을 무시하는 태도는 **기고만장**한 모습이에요.

→ 그는 성공한 후 너무 **기고만장**해져서 주변 사람들이 점점 멀어졌습니다.

→ **기고만장**한 마음을 버리고 겸손한 태도로 다시 시작하는 게 더 현명해요.

엄마 찬스 없이도 나도 할 수 있어!

자수성가 自手成家

자신의[自] 손으로[手] 집을[家] 이루다[成]

114

자수성가란 말은 '자기 손으로 집을 이루다'라는 뜻으로, 아무런 도움 없이 스스로 노력해서 성공하거나 자립한 사람을 가리킬 때 사용하는 말이에요.

부모나 다른 사람의 힘을 빌리지 않고, 자신의 힘과 노력만으로 삶을 일구어가는 모습이죠.

이 사자성어는 특히 열심히 공부해서 원하는 학교에 합격했을 때나, 자신의 재능을 키워서 멋진 결과를 만들어냈을 때 표현하기 좋아요.

청소년 시기에는 아직 어른들의 도움을 받는 일이 많지만, 작은 일이라도 스스로 해내는 경험을 통해 자수성가의 의미를 느낄 수 있답니다.

스스로 목표를 세우고 그걸 이루기 위해 애쓴다면, 언젠가는 자수성가한 어른이 될 수 있어요. 남의 힘에만 기대지 않고 내 손으로 길을 개척해 나가는 용기를 가져보세요.

그 과정에서 얻는 성장과 성취는 무엇과도 바꿀 수 없는 값진 보람이랍니다.

네가 스스로 하지 않으면 아무도 너를 위해 해주지 않는다.

삶은 스스로 개척하는 것이다.

- 랄프 왈도 에머슨 (Ralph Waldo Emerson)

누군가가 대신해주길 바라기보다, 스스로 움직일 때 진짜 성장이 시작돼요.

내 인생의 주인공은 바로 나 자신이라는 걸 잊지 마세요.

自	手	成	家
스스로 자	손 수	이룰 성	집 가

이럴 때 이렇게 표현하기

→ 형은 **자수성가**해서 지금은 멋진 회사를 운영하고 있어요.

→ 작은 알바로 시작해 가게를 차린 언니는 진짜 **자수성가**한 사람이에요.

→ **자수성가**하려면 남 탓보다 먼저 스스로를 믿는 게 중요해요.

진짜 그 정도까지는 아니잖아?

침소봉대 針小棒大

바늘은[針] 작고[小] 몽둥이는[棒] 크다[大]

115

침소봉대란 '아주 작은 바늘을 굵은 몽둥이처럼 부풀려 말한다'는 뜻이에요.

즉, 사소한 일을 크게 과장해서 이야기하거나, 별일 아닌 일을 큰 문제처럼 떠벌릴 때 사용하는 말이랍니다.

예를 들어 친구가 실수로 늦잠을 자서 약속 시간에 조금 늦었는데, 마치 큰 잘못을 한 것처럼 꾸짖는다면 그건 침소봉대하는 태도예요.

또는 누군가가 실수한 말을 확대 해석해 퍼뜨린다면, 그것도 침소봉대라고 할 수 있지요.

우리는 때로 작은 일에 감정을 크게 실어서 과장할 때가 많아요. 하지만 그렇게 되면 상대방의 마음을 다치게 하거나 오해를 키울 수 있어요.

청소년 시기에는 감정이 풍부한 만큼 표현도 조심해야 해요. 침소봉대하지 않고 사실 그대로 바라보는 눈과 솔직하면서도 배려 있는 말이 중요하답니다.

작은 일은 작게, 큰 일은 깊이 생각하는 습관이 건강한 관계를 만들어 줘요.

사소한 일을 부풀리는 사람은 신뢰를 잃고,

신뢰를 잃은 말은 아무리 커도 울리지 않는다.

- 미하일 바흐친(Mikhail Bakhtin)

작은 일을 크게 부풀리면 친구들이나 주변 사람들이 점점 믿지 않게 돼요.

믿음이 사라지면 아무리 크게 이야기해도 마음에 닿지 않는답니다.

針	小	棒	大
바늘 침	작을 소	몽둥이 봉	큰 대

이럴 때 이렇게 표현하기

→ 친구가 한 말실수를 **침소봉대**해서 모두에게 퍼뜨리면 오해가 커질 수 있어요.

→ 시험 한 문제 틀렸다고 **침소봉대**하며 너무 걱정하는 건 좋지 않아요.

→ 작은 실수에 대해 **침소봉대**하지 않고 차분히 상황을 바라보는 게 중요해요.

맑은 날 벼락 맞은 기분, 그거 알아?

청천벽력 靑天霹靂

푸른[靑] 하늘에[天] 날벼락[霹][靂]

116

청천벽력은 '맑게 갠 하늘에서 갑자기 떨어지는 벼락'이라는 뜻이에요. 아무런 예고 없이 닥친 뜻밖의 큰 충격이나 사건을 말할 때 사용하는 사자성어랍니다.

예를 들어, 평소 건강하시던 할아버지가 갑자기 돌아가셨다는 소식을 들었을 때, 혹은 열심히 준비한 발표가 갑자기 취소되었다는 소식을 들었을 때처럼 마음의 준비가 전혀 되어 있지 않은 상황에서 충격을 받는 일이 있지요.

이런 순간이 바로 청천벽력 같은 일이에요.

청소년 시기에도 청천벽력 같은 순간은 있을 수 있어요. 시험 결과가 기대보다 나쁠 때, 가까운 친구와의 오해가 생겼을 때 등, 예기치 못한 일로 마음이 무너질 수 있어요.

하지만 그런 순간은 누구에게나 찾아오고, 중요한 건 그 일을 어떻게 받아들이고 다시 일어서는가에 있어요. 충격은 잠시지만, 그걸 딛고 나아가는 힘은 오래 남는답니다.

가장 평온한 날에 일어나는 일들이

우리를 가장 깊이 흔들 수 있다.

– 마르셀 프루스트 (Marcel Proust)

평온한 날일수록 뜻밖의 일이 더 크게 느껴질 수 있어요.

그래서 늘 마음의 준비를 해두는 게 중요해요.

青	天	霹	靂
푸를 청	하늘 천	벼락 벽	벼락 력

이럴 때 이렇게 표현하기

→ 시험이 취소됐다는 소식은 정말 **청천벽력**이었어요.

→ 친구가 전학 간다는 말을 듣고 **청천벽력**처럼 놀랐어요.

→ 평소 건강하시던 선생님이 입원하셨다는 건 **청천벽력** 같은 소식이었어요.

나, 어제보다 괜찮은 사람 되기로 했어!

개과천선 改過遷善

잘못을[過] 고치고[改] 착하게[善] 되다[遷]

117

개과천선이란 '허물을 고치고 착한 길로 나아간다'는 뜻이에요.

누구나 실수를 할 수 있지만, 그 실수를 인정하고 올바른 방향으로 바꾸려는 태도가 더 중요하답니다.

청소년 시기에는 실수도 많고, 때로는 후회되는 행동을 할 때도 있어요.

하지만 그때마다 "난 왜 이럴까" 하며 포기하기보다, "이제부터라도 달라지자"라고 마음먹는 것이 바로 개과천선의 시작이에요.

친구와 다퉜을 때 먼저 사과한다거나, 거짓말을 한 것을 솔직히 털어놓고 책임지는 것도 모두 개과천선에 해당해요.

잘못을 인정하는 건 부끄러운 일이 아니라 용기 있는 선택이에요. 중요한 건 같은 실수를 반복하지 않고, 한 걸음씩 나아가려는 태도랍니다.

오늘 내가 나를 바꾸려는 마음을 가졌다면, 이미 개과천선을 향해 가고 있는 거예요.

과거를 부정하는 사람은 같은 실수를 반복하고,

과거에서 배우는 사람은 더 나은 내일을 만든다.

- 조지 산타야나 (George Santayana)

실수를 인정하지 않으면 같은 잘못을 반복하게 돼요.

하지만 과거에서 배운다면, 더 나은 나를 만들어갈 수 있어요.

改	過	遷	善
고칠 개	지날 과	옮길 천	착할 선

이럴 때 이렇게 표현하기

→ 친구에게 상처 준 말을 반성하고 사과한 건 정말 **개과천선**한 모습이에요.

→ 그는 예전엔 거칠었지만, 지금은 많이 변해서 **개과천선**했다고들 해요.

→ 잘못을 인정하고 바르게 행동하려는 마음이 바로 **개과천선**이에요.

10대를 위한 이럴 때 이런
사자성어 2

초판 1쇄 펴낸날 2025년 11월 1일

지은이 김한수
펴낸이 이종근
펴낸곳 도서출판 하늘아래

주소 경기도 고양시 일산동구 하늘마을로 57- 9 3층 302호
전화 (031) 976-3531
팩스 (031) 976-3530
이메일 haneulbook@naver.com
등록번호 제300-2006-23호

ISBN 979-11-5997-129-7 (44700)
ISBN 979-11-5997-127-3 (세트)